ITIL与DevOps
服务管理案例实践

第4版 刘通 刘旭东 何刚勇 梁敏 著

- ITIL与DevOps实战案例解密
- 服务设计开发运维之深入剖析
- 服务管理及运营模板倾心奉献

哈尔滨工业大学出版社
HARBIN INSTITUTE OF TECHNOLOGY PRESS

内容简介

本书基于IT服务管理最佳实践ITIL（Information Technology Infrastructure Library）、企业架构方法论（TOGAF）、信息系统安全架构体系（CISSP）和开发运维一体化框架（DevOps），作者对多年实施IT服务管理的案例实践进行分章总结。本书收录的主要案例涉及服务管理全生命周期的方方面面，其中包括国际和国内企业战略规划、战略管理工具、商业分析、架构管理、研发管理和运营管理等实践的详细解读。

本书适合于IT服务外包和企业内部运营维护的IT技术支持服务人员、应用开发人员、系统架构师、项目经理、服务经理、产品经理、首席技术官（CTO）、首席信息官（CIO）和首席执行官（CEO）等人员学习参考，也可以作为大学生学习服务管理、企业或软件架构设计、软件研发和交付运营等课程的辅导用书。

图书在版编目(CIP)数据

ITIL与DevOps服务管理案例实践/刘通等著. —4版. —哈尔滨：哈尔滨工业大学出版社，2022.2

ISBN 978-7-5603-9901-0

Ⅰ.①I… Ⅱ.①刘… Ⅲ.①IT产业-商业服务-案例 Ⅳ.①F490.5

中国版本图书馆CIP数据核字(2021)第274493号

策划编辑	杜 燕
责任编辑	张羲琰
封面设计	高永利
出版发行	哈尔滨工业大学出版社
社　　址	哈尔滨市南岗区复华四道街10号 邮编150006
传　　真	0451-86414749
网　　址	http://hitpress.hit.edu.cn
印　　刷	哈尔滨市工大节能印刷厂
开　　本	787mm×960mm 1/16 印张15 字数207千字
版　　次	2014年6月第1版 2022年2月第4版 2022年2月第1次印刷
书　　号	ISBN 978-7-5603-9901-0
定　　价	53.80元

（如因印装质量问题影响阅读，我社负责调换）

致刘瑛琦和刘哲创,我可爱的女儿和帅气的儿子,因为他们使我感到为人父的责任和担当;

致我的父亲(刘加德)和我的母亲(张晶冬),因为他们始终给我前进的力量,并且相信我可以做成任何我着手要做的事情;

致我的岳父(王忠涛)和我的岳母(张宝珍),因为他们给予了我们无私的付出和奉献。

——刘通

李开复说过:*做最好的自己!* 一直都是本书作者立志的座右铭。
比尔·盖茨说过:*用特长致富,用知识武装头脑!* 一直都是本书作者坚持的方向。
罗振宇在自媒体《罗辑思维》上说过:*做时间的朋友!* 一直都是本书追求的高度。

本书提供项目管理和软件架构设计模板链接:
https://pan.baidu.com/s/1boEX8BX

本书共享IT服务管理模板和学习资料链接:
https://pan.baidu.com/s/1skYhOvF

更多的案例和视频分享,详见右下方微信公众号:

第 4 版前言

在 21 世纪的今天，企业已经到了一个需要考虑如何系统创富的时代，所谓系统创富就是企业要为自己打造一个能够"一次性投入，实现多次收获"的系统。企业如果想要长生久治，就需要拥有这样一个强大的系统。所谓系统，就是由流程、工具和人力资源组成的集合，也就是企业的成熟模式或实践资产。企业可以通过应用业界经过验证的成功系统，并结合自己的资金、品牌和文化来打造适合自身发展的战略资产和运营模式实践之路。企业需要不断地进行资产积累和创新才能立于不败之地。可以想见，未来成功的企业也必将是"基于资产交付"的企业(Asset-Based Company)。

那么，在目前市场上有哪些系统或资产是经过验证的呢？由英国官方机构推出的服务管理最佳实践(Information Technology Infrastructure Library，ITIL)很好地诠释了 IT 服务全生命周期的管理办法。ITIL 就是要为 IT 服务提供商打造从服务战略到服务运营全方位的企业资产，TOGAF 是确保业务战略落地的企业架构方法论资产，CISSP 是业界成熟的安全体系架构，而开发运维一体化(DevOps)则成为目前指导如何实现高效服务交付的最佳实践。拥有这些系统或资产的知识产权的发起组织也进一步推出相关认证课程和实践总结。

本书基于 ITIL 服务管理以及 DevOps 的最佳实践，对笔者多年实施 IT 服务管理的案例实践进行分章总结。如果想了解更多的 DevOps 理论介绍，请参考笔者的另一本书《ITIL 4 与 DevOps 服务管理认证指南》。"他山之石，可以攻玉"，希望本书能给我国企业在其内部全面实施 IT 服务管理最佳实践提供参考，从而降低企业具体 IT 服务项目实施和运营实践的成本与风险，为打造基于资产交付的企业而努力，全面提升未来应对多变商业模式的灵活性和敏捷性。

如果您希望在 IT 领域中不断提高自己,那就请您选择本书吧。笔者相信,您会有意想不到的收获,希望本书能对您未来的职业发展提供应有的帮助。

作　者

2021 年 8 月

目　　录

第1章　战略管理与工具实践 … 1
- 1.1　服务战略管理 … 1
- 1.2　服务战略工具 … 14

第2章　架构管理与工具实践 … 31
- 2.1　IT架构与架构师 … 32
- 2.2　IT架构师职业分类 … 33
- 2.3　IT架构师基本素养 … 35
- 2.4　IT架构师综合素质 … 39
- 2.5　IT架构师技能评估 … 41
- 2.6　IT架构设计思维逻辑 … 43
- 2.7　架构组件工具 … 46
- 2.8　典型架构设计模式 … 51
- 2.9　架构设计方法论 … 60
- 2.10　典型架构设计方法论案例 … 70
- 2.11　典型服务设计案例 … 105

第3章　交付管理与DevOps … 142
- 3.1　基于DevOps的价值交付 … 142
- 3.2　DevOps实施的紧迫性 … 143
- 3.3　DevOps落地三步工作法 … 145
- 3.4　大型企业如何落地DevOps … 148
- 3.5　DevOps试点小团队选择 … 150
- 3.6　Etsy的DevOps企业文化 … 151
- 3.7　谷歌SRE部门典型DevOps实践 … 152

3.8　DevOps 实施的瓶颈与挑战 ……………………………………… 153
3.9　DevOps 绩效度量与评估 ………………………………………… 154
3.10　DevOps 工具链大全 …………………………………………… 156
3.11　持续集成利器 Jenkins ………………………………………… 157
3.12　静态代码审查利器 SonarQube ………………………………… 158
3.13　单元测试利器 JUnit …………………………………………… 159
3.14　配置管理利器 Ansible ………………………………………… 160
3.15　运维监控利器 Zabbix ………………………………………… 161
3.16　DevOps 和 ITIL 助力企业数字化转型 ………………………… 162

第 4 章　运营管理与持续改进 ……………………………………………… 164
4.1　运营管理新趋势 ………………………………………………… 164
4.2　运营管理模板 …………………………………………………… 167
4.3　持续服务改进 …………………………………………………… 204

参考文献 ……………………………………………………………………… 229

第 1 章　战略管理与工具实践

企业的发展离不开企业的战略和战略管理。企业的战略是指企业自身对其重大、带有全局性或决定全局问题的谋划和策略。企业的战略管理是指确定企业使命，根据企业外部环境和内部条件认定企业组织目标，保证目标的正确落实并使企业使命最终得以实现的动态的过程管理。企业的战略管理是企业战略资产的主要组成部分，在企业管理中居于核心地位。

进入 21 世纪，信息技术的飞速发展给企业的战略和战略管理增加了新的含义。对应用信息技术最为广泛的电信运营商和银行这类企业来讲，信息技术与企业的经营模式早已实现更加高度紧密的结合。例如，支持中国移动全国用户计费和营账处理的"业务支撑系统（BOSS）"和支持中国银行日常柜面服务的"银行后台业务系统（BANCS）"。如果没有 IT 系统软硬件的全方位服务和高效的服务管理作为有力支撑，很难想象如此庞大的应用系统能够运转如常和持续满足企业全天候运营的需要。事实证明，信息化改变人类生活的昨天、今天和明天，也将改变企业对未来战略的布局，目前企业的数字化转型就是大势所趋。下面介绍战略管理与管理工具的相关案例，以供参考。

1.1　服务战略管理

服务战略就是通过有效的服务管理把企业或组织的服务能力转化为企业或组织的战略资产。服务战略为将来如何设计或开发新的服务和实施有效的服务管理实践提供了战略的指导。企业的服务战略主要解决的是 IT 如何适应企业未来商业模式发展方向的问题，这无疑成为许多企业的首席信息官（CIO）、首席执行官（CEO）正在考虑的核心关键。ITIL 作为服务管理最佳实践，通过战略管理实践解答企业对服务战略决策的相关疑问。

为了帮助企业定义清晰的服务战略，ITIL 列举了如下问题引发思考，从而制定出适合每一个企业的服务战略。

(1)我们应该提供什么样的服务?
(2)谁应该是我们的目标客户?
(3)如何去开发内部和外部的市场与渠道?
(4)在市场中当前和潜在的竞争是什么?
(5)客户是如何感知和度量服务价值的,价值如何才能被客户真正体验到?
(6)服务的质量和效能是如何被衡量的?

1.1.1　国际电信公司服务战略

下面以典型国际化大公司的 IT 服务战略为例具体回答以上问题。该公司是欧洲第一大电信公司。它在欧洲市场的主营业务除了移动或市话业务之外,一直打造基于自主产权的云计算数据中心并经营云数据中心的 IT 基础设施和应用等托管业务。截至目前,该公司全球的云计算数据中心已经达到数百万平方米的规模,并且很多世界 500 强企业都把自己的 IT 基础设施及应用托管到该电信公司的云数据中心,这些被托管的企业不乏壳牌、宝马、大众和飞利浦这样的世界级品牌。该公司是德国 SAP 公司的金牌合作伙伴,也是 SAP 公司认证的在云计算环境下运行 SAP 的总代理。下面通过该公司对 ITIL 所提及的针对服务战略问题的具体回答,进一步了解这样一个在欧洲有很好声誉和业绩的公司是如何拓展其在我国的市场业务的。

(1)我们应该提供什么样的服务?
①提供 IT 服务管理全生命周期的咨询、搭建和运维服务,咨询的范围主要包括数据中心、云计算和 SAP 云服务的搭建和运营管理。
②销售 IT 产品解决方案,如销售云计算平台和 IT 服务管理软件等。
③提供人力外包服务,外包的对象包括能够从事 IT 项目实施的项目经理、服务经理和技术专家等。

(2)谁应该是我们的目标客户?

①第一阶段:客户关系好的在我国投资的欧洲企业,如宝马、大众和西门子等。
②第二阶段:我国本土在国外有分支机构的大型民营企业,如联想、TCL 和华为等。
③第三阶段:我国本土的国有企业,如中国石油、中国石化和中国邮政等。
(3)如何去开发内部和外部的市场与渠道?
①通过收购国内有 ICT 资质或数据中心牌照的企业进行优势互补。
②寻求与国内的品牌企业进行战略合作,通过本地企业的渠道优势打通我国市场。
③通过媒体和市场销售渠道树立企业的服务品牌在业界的影响力。
(4)在市场中当前和潜在的竞争是什么?
①在我国的 IT 服务及管理领域存在激烈的竞争,比如 IBM、惠普和埃森哲等公司就是其强劲的竞争对手。
②必须打造强大的咨询、架构设计、解决方案实施和运营团队与市场上老牌的 IT 服务提供商相抗衡。
(5)客户是如何感知和度量服务价值的,价值如何才能被客户真正体验到?
①树立在我国成功的咨询或解决方案的销售案例,比如数据中心或云计算咨询的国内成功典型案例。
②服务价值来自降低客户的 IT 服务成本与风险,提高客户的生产力,或增强客户适应未来商业发展的灵活性和敏捷性。
(6)服务的质量和效能是如何被衡量的?
①咨询交付成果是否达到客户预期的效果。
②销售的服务产品是否解决客户目前在 IT 服务及服务管理中存在的问题。
③服务交付的人员是否专业和敬业。

通过以上 IT 服务战略问题的思考和回答,我们会对 IT 服务战略管理有一个基本的感性的认知,下面再以美国某国际商业公司的整体战略和企业文化为例,具体了解企业的战略是如何落地的。

1.1.2 国际商业公司服务战略

美国某国际商业公司在其内部全面推行"1-3-9"战略：1 是指一个目标，即成为被客户认为是不可或缺的公司；3 是指三个价值观，即成就客户、创新为要和诚信负责；9 是指九个做法，即把目标和价值观付诸实践的具体办法。

1. 一个目标

该公司成立以来，其员工始终遵循恒久的目标，该目标是其安身立命之本，期望对客户和世界产生影响，成为不可或缺的公司。公司的 CEO 在内部分享会议上对这一目标进行了更加具体的诠释：

"使公司成为客户不可或缺的公司，不仅在于提供卓越的产品、服务以及公司的整合能力，同样重要的是，我们让客户感到喜出望外。我们持之以恒，于细微处见真章，最终给客户留下难以磨灭的印象。"

2. 三个价值观

该公司通过共同秉承的价值观定义其在市场中的品牌地位，并因此使员工团结在一起。价值观之一是成就客户。公司员工应满怀热情地与客户建立稳固、长远的关系，这激励着他们不断超越客户的期望。专注于结果，按照每一个客户衡量成功的标准，帮助客户取得成功。价值观之二是创新为要。希望公司员工都是前瞻的思想者。相信智能、理性和科学的应用，可以改进企业、社会和人类的现状，即所谓积跬步而至千里。价值观之三是诚信负责。公司员工与公司的所有相关方建立信任关系，包括客户、合作伙伴、社区、投资人和同事等，通过每一天的努力培养信任。

3. 九个做法

该公司创造性地把三个价值观细化为公司员工的九个做法，实现了价值观的真正落地，即规范公司员工的行为方式，将价值观付诸行动。该公司的九个做法如图 1.1 所示。

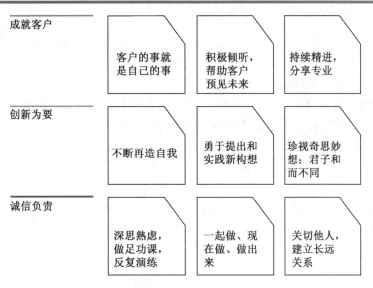

图 1.1 九个做法实践

以上图例的知识版权归该公司所有,其九个做法详解如下:

(1)"客户的事就是自己的事。"公司员工要像关心自己的业务一样关心客户的业务。将客户的利益置于自身的利益之上,绝不让自己的组织架构或流程阻碍良好的客户体验。ITIL 4 提出智慧违背的概念。比如服务台成功地解决了非标准用户桌面的技术问题。

(2)"积极倾听,帮助客户预见未来。"公司员工应积极倾听客户的声音,努力了解客户所面临的挑战。洞察客户尚不知道如何描述的期望和梦想。基于对客户行业内和全世界其他领先企业正在开拓的领先科技的理解,向客户展示各种可能性。勾画出生动的蓝图,让客户了解该公司为客户预见的未来,帮助客户看到他们未来的自己。

(3)"持续精进,分享专业。"公司员工不断学习,培养技能,对自身所在领域、专业和学科的发展做出贡献。善用同事、合作伙伴、客户和学者们的技能,为客户提供最相关的专家和专业,增加客户对知识的理解。

(4)"不断再造自我。"始终在寻找更有效率和效力的方式完成工作。挑战自己的假设和习惯,适应不断变化的现实世界。

(5)"勇于提出和实践新构想。"永远保持好奇心,辨认各种模式,探寻事物背后的本质。

在日常工作中产生原创思想,并勇于提出大胆的想法。

(6)"珍视奇思妙想:君子和而不同。"欢迎新的构思,培养思维方式与众不同的人才,建立开放的文化。公司员工来自不同的背景和领域,以不同的方式看待世界。努力营造一种多元的环境,在所有领域中鼓励这种多样化。

(7)"深思熟虑,做足功课,反复演练。"始终预先做好功课,理解客户的背景、经验和观点。尊重他人的时间、精力和智慧,做好充分准备,有效地沟通。

(8)"一起做、现在做、做出来。"联合公司内外最优秀的专业资源,以无边界的方式协同工作,呈现给客户最佳的表现。周密部署,始终恪守承诺并做到。行动迅速,把工作上的承诺放在首位。

(9)"关切他人,建立长远关系。"事无巨细,表现出对客户和同事的关心。培养人们之间的信任关系,始终记得其他人也有工作职责、愿望、顾虑及个人生活。建立持久的关系,帮助客户、合作伙伴以及同事在其组织内取得长期成功。

为了践行公司员工的九个做法或最佳实践,该公司已经推出了 Think Fridays 的在线学习论坛。Think Fridays 是为全体员工设计的知识大讲堂。该公司的 CEO 在第一场 Think Friday 分享课堂上指出:"我们要一起展开这段长远的学习之旅,持续讨论许多重要的主题。这个学习行动富有前瞻性,与公司的转型与发展息息相关。"公司将通过每周五举办一次的分享论坛持续精进,分享专业,为再造一个对客户"不可或缺"的公司而持续努力。该公司确立向一个全新的终身学习组织迈进的目标而持续努力。

以上企业的价值观与具体做法正是 ITIL 与 DevOps 所倡导的高大上企业文化的落地实践。

1.1.3 我国电商服务战略

未来是云计算、大数据和移动互联网的时代。在这个大的时代变革中,传统的 IT 领域将经受一次前所未有的洗礼,包括像 IBM 这样的国际 IT 巨头也在企业内部积极地调整其面向最终市场的解决方案,使投放到市场的产品更加云化和适应未来移动互联网发展的需要。相对于 20 世纪 90 年代中期的互联网刚刚兴起,如今互联网的发展在如此短短二十年的时间里已经一日千里。例如,腾讯的微信在短短的几年内就发展到拥有 10 亿以上的用户,人们不得不发出由衷的惊叹。

那么在这个知识爆炸的时代,互联网是否需要服务战略?针对这个问题,我们可以通过如下事实来尝试浅析。

1. 互联网金融

阿里巴巴控股天弘基金适时推出余额宝,已经拉响了电商进军互联网金融的号角。阿里巴巴已经和民生银行签署了战略合作协议,此次战略合作预示着传统银行业与互联网企业的合作关系进入了历史的新纪元。除阿里巴巴外,包括苏宁集团、均瑶集团、华润集团和腾讯等大型民营企业也在积极地申请银行牌照。腾讯已于2014年7月正式筹建深圳前海微众银行,2015年阿里巴巴的浙江网商银行也已经开业运营,未来的银行业将迎来万象更新的新发展机遇,而电商企业将在其中扮演重要的角色。目前中国正在通过支付宝和微信支付等全新的金融体验,把互联网与金融进行更深入的融合。

2. 搜索与大数据

腾讯和搜狐合作,整合搜狗和搜搜两个互联网搜索网站,成为继百度和奇虎360之后又一不可小视的搜索平台。自此互联网的搜索平台进入了"三国时代"。除搜索领域外,大数据时代的来临对人类的工作和生活产生颠覆性的影响。著名的数据科学家维克托·迈尔-舍恩伯格指出:"世界的本质就是数据,大数据将开启一次重大的时代转型。大数据发展的核心动力来源于人类测量、记录和分析世界的渴望。从因果关系到相关关系的思维变革才是大数据的关键,建立在相关关系分析法基础上的预测才是大数据的核心。"云计算作为大数据的载体可以通过对海量数据进行分析、预测,使政府和企业的战略决策更为精准,释放出更多数据的隐秘价值。例如,大数据对传统金融业带来不小的冲击。阿里巴巴通过自身的电商平台对以往客户消费行为和信用等级进行分析,更好地支撑阿里网商银行金融放贷业务的正确决策。除了电商之外,传统的零售巨头苏宁也不甘其后,苏宁收购视频媒体网站PPTV,与原先苏宁易购的电商平台进行全面整合,试图实现线上和线下购物一体化的全新购物体验。这就是苏宁整合线上和线下的O2O解决方案,为未来进军移动互联网和互联网金融的全产业链夯实必要的系统平台和资源储备。

3. 电商零售业的全渠道

全球零售业正走向信息时代,未来零售业将从传统零售向全渠道零售转型,即逐渐向线上和线下一体化的 O2O 模式转变。这是一个以消费者为主权的时代,消费者目前的消费行为逐渐向全渠道、全天候和全社交转型。随着腾讯的微信、阿里巴巴的支付宝等移动互联网产品不断被广大消费者使用,这些产品也彻底打开了零售业全渠道的天窗。电商企业需要顺应这个时代的变革,尽可能多地构建面向消费者的购物服务渠道和基于消费者个人体验的增值服务。零售企业也应借助移动互联网,将千店一面的局面变为千店千面,实现针对每类消费者的个性化服务。在这个变革的时代,电商企业应具备互联网思维,即开放、透明、分享和责任,运用这种思维,打破传统零售业的区域垄断和僵化壁垒的利益格局,在商品供应商和消费者之间建立起直接、高效的沟通渠道。

4. 标准化商业流程管理

商业流程是指协作性、事物性、为客户创造价值、完整而动态调整的工作集。商业流程的目标是指导企业与人有关的工作完成。"核心"商业流程往往是私有的,因为它们体现了一个企业独一无二的竞争优势。应用标准化商业流程的企业可以提供端到端的服务解决方案。自动化的工具往往被用作载体贯穿整个解决方案的价值链。例如,互联网巨头谷歌、亚马逊和阿里巴巴的云平台就是这种工具载体的具体体现,通过云的自动化来提升商业流程支持的灵活性和敏捷性。自动化的工具需要以标准化的商业流程的定制为前提,标准的商业流程一般包括基于创新产品或服务的战略目标的设定(Perspective)、当前的市场分析(Position)、完备及可达成的计划(Plan)和可以重用的模式(Pattern),也就是我们通常所说的服务战略 4 个 P 的满足。亚马逊的 EC2(Elastic Compute Cloud)云平台交付模式和戴尔的在线"直销模式"无一不基于企业内部强大而标准的商业流程最终得以实现。未来标准化的商业流程会在互联网企业的战略制定中发挥更加重要的作用。商业流程管理专家安德鲁·斯潘亿(Andrew Spanyi)在《商业流程管理是一种团队运动》(*BPM is a Team Sport*)一书中提到:"那些未能将传统的、功能化的思维方式转变为商业流程化的思维方式的企业将发现自己正在屋脊上跟跄行走。商业流程管理确实是一个竞争性极强的团队运动,在争夺行业冠军的决赛阶段,要么胜出,要么惨遭淘汰。"ITIL 已经在其最新版把商业分析纳入服务管理的最佳实践,从理论的高度对商业流程管理的重要性进行诠释。

1.1.4 我国银行服务战略

当今我国商业流程标准化做得最好的行业就得数银行了,虽然传统的银行业受到互联网金融的冲击,但是银行业本身扎实的商业流程运作也是目前互联网企业值得学习的地方。

下面介绍一家典型的中国商业银行是如何执行其服务战略的,目前该银行专注于为个人和企业客户提供信贷和金融服务,其营业网点和自动柜员机(ATM)遍布全国,并且可以通过电话银行和网银等方式向客户提供更多的自助服务。这家银行在中国已经运营几十年,并且最近几年开始向海外扩张,主要扩张的目的地是伦敦、纽约曼哈顿金融街。

目前这家银行提供了几种不同类型的账户,包括储蓄、贷款、信用卡以及支票账户,所有的账户都可以通过营业网点、互联网或者电话进行使用和管理。其中网银和电话银行的方式已经在国内市场获得了持续不断的成功。同时,该银行希望能够继续开发出更富创新的在线产品和服务,向全球市场进行推广。

为了不断带来更多的发展机会,这家银行在持续坚持对内和对外的扩张战略,比如通过收购一些来自其他国家的银行来扩大国际业务和拓宽客户群体;与其他金融机构,如保险公司建立合作伙伴关系,拓宽向客户提供的服务范围;通过覆盖广泛的全球银行服务,延长运营时间,扩大业务范围等措施比比皆是。

这种积极业务扩张的战略在IT战略层面必须予以积极的配合,比如更多的业务系统和数据的整合需求会加剧产生,在整合旧业务的同时,需要积极主动地设计和开发更多全新的银行服务以适应来自不同国家区域和合作伙伴的最终客户的推广和销售工作。

目前这家银行向客户提供的服务包有如下内容:

(1)24小时自动柜员机(ATM)服务。

(2)24小时客户呼叫中心服务(电话银行及问询帮助)。

(3)24小时网上银行服务(目前对个人业务客户最为重要)。

(4)24小时全球支付服务(电子方式的银行间同业贷款和支付,通常数额巨大)。

(5)营业网点服务(客户通过本地网点访问,进行个人或企业的账户管理)。

(6)第三方销售支持服务(通常由独立的财务顾问通过笔记本电脑或PAD向客户直接销售银行产品,如理财产品或保险服务)。

(7)银行监管服务(当利率等客户协议中的条款发生变化时,这些变化需要在设定的时间内通知客户)。

(8)报表生成服务(根据预先设定的时间表或者客户临时需求来提供报表)。

(9)掌上银行服务(提供手机购物、理财、订票、餐饮和娱乐服务)。

不同的业务服务在银行内部会有不同的组织部门主要负责,业务部门主要职责举例如下:

(1)零售业务部门主要关注银行的个人金融服务。

(2)公司业务部门主要关注银行的公司金融服务。

(3)客户交付部门负责银行与客户之间的接口,包括管理营业网点和 ATM 的管理。

(4)同业金融部门负责与其他银行和合作伙伴的协同和管理工作,例如 ATM 提供商和信用卡公司的管理等。

(5)国际业务部门负责海外银行业务的整合。

(6)共享服务部门整合了来自各个运营业务部的支持服务,其中包括人力资源部门(HR)、财务部门和 IT 部门,共享部门的总负责人是首席财务官(CFO),而 IT 部门的负责人是首席信息官(CIO)。CIO 的直接汇报对象就是 CFO。

(7)安保部门覆盖了安保、审计、风险和合规几个方面,负责银行的安保方针、法律合规、数据安全和物理安全需求,以及业务连续性。这个部门还负责银行的全球风险管理方针。

为了持续实现银行的扩张战略,银行制定了一些短期的战略目标,比如在中国每年的零售业务额需要有 20% 的增长,网上银行的收入每年需要增加 30%,海外的客户收入每年需要增加 50%,银行的利润希望每年有 10% 以上的稳步增长。当然这种激进的战略会带来一些直接的挑战,比如海外业务扩张会遇到如下三个问题:

①语言和时区相关的问题。因为银行收购了一些位于其他国家的企业,同时一些合作伙伴也位于其他国家。

②法规和法则的合规问题。位于其他国家的企业同时需要去遵守其他国家的一系列法规和国际法则。

③文化和组织相关的问题。最为显著的表现在对于各个国家和各个被收购的企业,他们对 IT 支持的期望度的差异。

另外,银行所有的业务部门都需要具有监控当前绩效和预测未来需求的能力,这严重地依赖于管理信息和提供这些信息的 IT 服务的准确性、完备性和动态适应业务变化的敏捷性。下面从 IT 服务管理最佳实践 ITIL 介绍的服务全生命周期的五个阶段逐一阐述 IT 服务战略是如何有效地支撑业务战略并且有效落地的。

1. **服务战略**

银行的 CIO 和其直接领导的 IT 战略规划委员会通常与业务部门紧密合作,致力于及时交付适当的和最新的 IT 服务。

除了 IT 战略规划委员会,IT 部门针对每个具体的业务部门会指派业务关系经理,动态了解业务的变化,及时反馈业务的需求给 IT 部门进行新服务的立项申请,并严格执行审批流程。

新服务一旦被立项就被纳入需求管理的范畴,IT 部门有独立的需求分析师团队通过标准的需求分析文档来阐述具体的功能性需求和非功能性需求。任何需求分析文档都需要经过需求评审委员会的审批。

银行设有服务组合网站,集中管理银行整体的服务战略和具体服务的对应关系,即确保服务从可行性研究、立项、开发、维护到退役的全生命周期都是符合组织整体的战略要求和需要的。

在银行内部的 IT 部门会根据业务战略调整的需要制定每年的 IT 财务预算,并配合财务部门通过财务管理软件进行核算控制,最后按照 IT 部门对业务部门提供的具体服务工作量向业务部门收取一定的费用。

2. **服务设计**

针对业务和技术的服务目录已经存在并得到良好的日常维护,业务部门的员工可以很容易地进行访问并查询可以使用的 IT 服务。

任何现有的 IT 服务都已经纳入服务级别管理的范畴,即所有的服务都有服务级别协议(SLA)和关键绩效指标(KPI),所有的服务都是被有效管控的。

IT 部门设有独立的架构师团队负责新的或变更服务的解决方案设计,即 ITIL 提及的服务设计包。为了确保服务设计包能够很好地满足业务需求,并且设计方案的质量和落地风险可控,所有设计方案都需要经过架构评审委员审批后方可交由项目经理带领项目团队成员去具体落地实施。业务部门的员工具备良好的职业素养,并能够积极地参与 IT 服务设计活动。

重要的 IT 服务都纳入服务组件失效影响分析（CFIA）模型进行分析和跟踪，服务所对应的单点故障（SPOF）会被列入年度的可用性管理计划。

通过容量分析模型和统计分析工具具体计算业务所需要的 IT 处理能力，并通过云计算平台动态承载业务需要。

银行设有双活数据中心或灾难备份中心承载重要的业务的连续性需要，确保不会因为意外的灾难发生导致不必要的业务中断。并制定了 IT 服务连续性管理流程，该流程在设定之初的主要产出物有业务影响分析（BIA）、风险评估和灾难恢复计划（DRP）等，其中灾难恢复计划作为每年进行灾备演练的指导文件。

基于既定的安全策略通过安全扫描工具来执行日常的监控检查。并且基于人民银行和银监会的要求定期执行安全管理的内审和外审等相关工作。

通过合同约束和绩效评审等手段确保第三方供应商所提供的服务质量，供应商的所有资质和绩效信息被妥善地记录到供应商合同数据库中，作为后期是否续签合同的基本参考依据。

3. 服务转换

对于新的和变更的 IT 服务，基本都是按照项目管理方法论实施，并且设有独立的项目经理团队负责日常的项目管理。项目管理办公室（PMO）执行标准的项目组合管理流程统筹银行内部所有项目的过程管控和绩效考核。银行业务部门很乐意参与具体的项目实施阶段，并主动参与验证和测试工作。

存在严格的变更和发布管理流程，变更的类型分为标准变更、紧急变更和正常变更。标准变更作为服务请求的一种类型在服务请求流程中去执行，紧急变更需要紧急变更顾问委员会审批，正常变更由变更顾问委员会审批。待发布的软件包同样要遵循发布管理程序，经过发布评审委员会审批通过才可执行发布。

软件验证和测试环节已经被完好建立，质控人员（QA）和测试人员（QC）参与需求评审和设计评审，尽早明确测试目标、制定测试计划、测试用例和搭建系统测试环境，比如支持软件压力测试的环境。

服务资产与配置管理工作得到很好的支持，日常会通过自动化检测工具采集数据中心的实际数据，并与资产配置管理数据库的数据进行自动比对，按照预定义的修复策略即时修复。另外，银行会每年发起一次针对数据中心的全部资产与配置项的盘点和审计工作。

第 1 章　战略管理与工具实践

历史事件(故障)或问题的解决方案被有效地存入知识管理系统,银行的 IT 服务台一线和技术二三线可以通过查阅知识管理系统的知识条目尽快解决棘手的事件(故障)或问题。并且技术二三线会不定期发起针对 IT 服务台一线知识传递的培训。

4.服务运营

运营按照 ITIL 的职能划分为四类职能部门,即服务台、技术管理、IT 运营管理和应用管理。针对每一个主要的业务部门,业务相关问题(如何做什么的问题)由单独设立的业务支持团队负责。当有 IT 项目的时候会从这四个职能部门内部抽调人手作为项目组成员。

已经制定了 IT 部门所有的岗位职责一览表,并且对每个岗位的技能评测和绩效考核进行了明确的规定。目前每个岗位都有标准化的运维手册指导日常的运维工作。

问题管理更多地强调主动的问题管理和趋势分析,比如通过鱼骨图等分析问题发生的主要原因和帕累托图累加统计可能的主要问题发生的原因。

事件(故障)管理和访问管理流程已经被建立起来并且有效地运行,通过标准的 IT 服务管理工具统一对提交的工单进行处理。工单处理的绩效指标被纳入每月发给业务部门的服务月报中。

通过标准的事态(事件)监控工具对异常事件进行监控,异常事态(事件)可以直接在 IT 服务管理工具中生成事件(故障)单。当值的运营操作人员将被电话和短信通知,并采取及时的修复行动。

业务用户可以通过手机或计算机上自助服务的服务请求图形界面获得相应的服务内容或信息。

5.持续服务改进

IT 部门内部通过六西格玛等精益改进项目逐步推进服务改进工作。执行改进项目的带头人一般都有六西格玛证书。

每年银行都有针对服务改进项目的专项拨款。

正式的 IT 服务改进工作作为服务改进经理岗位的主要职责,该岗位为银行设立的质量管理部门的资深员工担任。

服务改进经理往往会和客户(服务)经理通力合作,从服务级别的角度关注服务的改进机会。

1.1.5 研发体系(IPD)服务战略

由 IBM 帮助导入的集成产品开发(Integrated Product Development,IPD)强调以市场和客户需求作为产品开发的驱动力,在产品设计中构建产品质量,考虑产品的功能性需求的同时也充分注重产品的非功能性需求,如可用性、安全性和容量等。在产品开发的每一个阶段,都从商业的角度而不是从技术的角度进行评估,以确保产品投资回报的实现或尽可能减少投资失败所造成的损失。IPD 以市场和客户需求为驱动并持续做好阶段商业论证和阶段评审的做法,与美国项目管理协会(PMI)所提倡的持续的商业论证是不谋而合的。这也与 ITIL 4 的商业分析实践交相呼应。

IPD 把正确定义价值主张产品和市场需求作为流程的第一步,一开始就做正确的事情。再成立跨部门的产品开发团队(Product Development Team,PDT),通过有效的沟通、协调及决策,达到尽快将产品推向市场的目的。采取异步或并行开发模式也是 IPD 的一个创新,即通过严密的计划、准确的接口设计,把原来许多必须按顺序执行的项目活动提前进行,这样可以大大缩短产品上市时间。另外,IPD 中引入公用构建模块(Common Building Block,CBB)等代码重用的办法提高产品开发的效率。

1.2 服务战略工具

服务战略是企业管理中最具有挑战性的部分,通过高效的战略工具可以在战略的制定、评估和实施各个阶段起到关键的作用。以下是业界比较著名的服务战略工具的介绍。

1.2.1 KT 决策法

KT 决策法是由美国人凯普纳(Kepner)和特雷高(Tregoe)提出的,是一种系统思考的方法。按照事情各自的发展规律,对决策相关各要素逐一识别和排序,根据清晰明确的目标对各选择方案进行评估,从而优化最终决策结果。KT 决策法帮助战略决策者对制定的目标和实际情况有清晰的了解,明确目标和现实的差距及差距产生的具体原因。KT 决策法使用的具体步骤包括:

(1) 发布决策声明,声明中含有必要的行动方案和预期的结果,以及规定决策声明分发的对象,以期相关人员了解与提供支持。

(2) 确认实现战略所需要的具体行动目标及可能的限制条件。目标可以分为"必要目标"和"理想目标"。

(3) 赋予各目标权重,逐一排序。目标的权重是目标选择的重要依据。

(4) 产生选择方案。

(5) 对各备选方案进行打分。

(6) 计算各选择方案的加权分值,找出分值最高的前两项或三项。

(7) 充分考虑前两项或三项方案在实施中可能存在的风险和负面影响。风险和影响可以按照产生的可能性及严重性(高、中、低)进行评估。

(8) 根据评估结果最终确定唯一的方案选择。

1.2.2　Delphi 分析法

Delphi(德尔菲)分析法是兰德公司在 20 世纪 50 年代创立的预测分析方法。该方法是依靠人的经验、知识和综合智能进行预测的方法。Delphi 法包括如下步骤:

(1) 把待决策的内容写成若干条含义十分明确的问题。

(2) 专家们在没有互相沟通的情况下背靠背地阐述个人对问题的看法,并分别做出书面反馈。

(3) 收回专家的书面反馈,并进行定量的统计归纳。

(4) 将统计归纳的结果反馈给专家们,每个专家根据结果再行修订和发表意见,送交组织者手中。

由此经过三四轮的反馈过程,就可以取得一个偏向一致性的最终决策了。

1.2.3　PEST 分析法

PEST 是政治(Political)、经济(Economic)、社会(Social)和技术(Technological)的首字母集合,PEST 分析是对影响企业或行业的主要外部因素进行分析。PEST 把这些影响因素分为四大类,通过对影响因素的分析和论证规避在战略决策中不必要的风险。

(1) 政治和法律环境，包括国家的政体、社会制度、立法和法律等。
(2) 经济环境，主要包括社会经济结构、经济发展水平和宏观经济政策。
(3) 社会文化环境，包括社会价值观、人口状况、教育程度等。
(4) 技术环境，包括社会科技水平及力量和科技扶植政策等。

1.2.4　GAP 分析法

GAP 分析法在战略实施的过程中，将实际绩效与期望的绩效进行对比分析，做出战略的评价与调整。GAP 分析的主要目的是通过分析差距产生的原因提出减小或消除差距的方法。差距分析的具体步骤包括：

(1) 对比预设定的战略目标以及实施战略后实际达成的状况。目标可以是品牌优势的打造、组织结构的调整和财务的整体节省等。

(2) 分析在战略实施过程中企业内外部环境要素的变化，以及对实现战略目标的影响。

(3) 分析战略目标的设定是否合理，如果存在显著差距，就需要提出新的战略或措施消除这种差距。

(4) 分析战略方案是否合理，以决定是否要调整方案。

1.2.5　平衡计分卡

平衡计分卡是一种战略管理工具，在企业或组织的战略规划与执行管理方面发挥非常重要的作用。设计平衡计分卡的目的就是要建立实现基于战略导向的绩效管理系统，从而保证企业战略得到有效的执行。平衡计分卡中所谓的平衡是指对战略执行的绩效可以从财务、客户、内部流程运营、学习与成长等四个维度的衡量指标去度量。

(1) 在财务方面。

财务绩效指标是一般企业常用于绩效评估的传统指标，它显示出企业的战略及其实施和执行是否正在为最终经营结果（如利润）的改善做出贡献。财务目标通常与获利能力有关，如快速的销货成长或产生现金流量等，而衡量标准往往是营业收入、资本运用报酬率、成本节约和附加经济价值（Economic Value Added，EVA）等。但是，不是所有的长期策略都能很快产生短期的财务盈利。非财务性绩效指标（如质量、生产时间、生产率和新产品等）的改善和提高可以看成财务绩效指标达成的一种手段。

(2) 在客户方面。

客户是企业获利的主要来源,因此,满足客户的需求便成为企业追求的目标。企业的使命或战略需要被诠释为具体的与客户相关的目标和要点。企业应以目标客户和目标市场为导向,专注于是否满足核心客户需求,而不是企图满足所有客户的偏好。客户最关心的不外于五个方面:时间、质量、性能、服务和成本。企业必须树立自身清晰的价值主张,力图在这五个方面达成客户的期望,具体的绩效指标包括市场份额、客户满意度、客户延续率、老客户挽留率、新客户获得率(新顾客争取率)和客户获利率等。

(3) 在内部流程运营方面。

衡量那些与股东和客户目标息息相关的流程。内部运营绩效考核应以对客户满意度和实现财务目标影响最大的业务流程为核心。企业自身应当做价值链分析,改善已有的旧的运营流程以达到满足财务及客户方面的目标。企业价值链一般包括创新、运营及售后服务三部分,企业需要以创造性的产品或服务满足客户需求,并且通过不断优化运营和售后服务流程以持续满足客户和股东的期望,具体的绩效指标包括短期的现有业务流程的改善、长远的产品或服务的革新等。目前流行的丰田的 Lean、摩托罗拉的六西格玛和 IT 治理框架 CO-BIT 为企业不断精益改进提供了全面的理论支撑。

(4) 在学习与成长方面。

主要着重于企业员工绩效的衡量,员工成长相当于企业的无形资产,有助于企业的长远进步。学习与成长方面是平衡计分卡其他三个方面的支撑,是企业获得卓越成果的动力。面对激烈的全球竞争,企业今天的技术和能力已无法确保其实现未来的业务目标。削减对企业学习和成长能力的投资虽然能在短期内增加财务收入,但由此造成的不利影响将在未来给企业带来沉重打击。具体的绩效指标包括员工满意度、员工离职率、员工的技能水平、信息系统的管理能力和培训预算等。

1.2.6 战略咨询方法论

我们可以通过一些成熟的方法来规划企业的 IT 服务战略。一般来讲,对 IT 战略规划是有一定方法论的,下面介绍一个业界比较成熟的 IT 战略规划的方法论,该方法论分为以下四个步骤。

（1）初始化分析。

与企业内部的相关部门进行开放式讨论，发现企业商业挑战、IT 目前瓶颈和痛点等。

（2）当前状态评估。

理解商业模型，包括企业的 IT 基础架构、人员组织结构、商业战略目标、商业流程和功能应用等。依据 IT 咨询的范畴收集数据和信息，并绘制当前企业 IT 服务运营和运维模型的基准，即对当前状态的评估。

（3）未来运营及运维模型分析和方案设计。

分析采集到的当前运营和运维模型的数据，开发符合企业 IT 服务战略的未来运营和运维模型的解决方案。以以往的组织过程资产包括知识库和成功案例为依据，计算出需要为该未来战略所投入的成本开销和投资回报率（ROI）等信息。

（4）结论准备和最终陈述。

设计满足未来 IT 战略的具体运营和运维模式转换所需要的项目清单。IT 服务战略的落地实施是依赖一个或多个项目来具体实施完成的，所以此阶段就是对 IT 服务战略落地所进行的项目组合管理。对每个项目来讲要明确项目目标、项目范围、实施办法、计划周期和约束条件等。也就是总结出一系列的项目列表，并对每个项目的落地提出具体的项目计划与实施方案等。最后，准备最终的解决方案文档，并对该结论进行最终陈述。

1.2.7 基于战略的项目选择计分卡

现代化项目管理越来越强调项目与组织战略的关系，因为项目本来就是为组织战略落地服务的。企业的组织战略一般是通过项目组合的形式进行有效落地的。项目组合是为了实现战略目标而组合在一起管理的项目、项目集和运营工作的集合。项目组合管理属于组织级项目管理的范畴，一般通过正确的项目评审及优先级排序等活动，适时把合适的资源用在正确的项目中以满足企业或组织的战略目标。项目组合管理提供了一个统一的方法评估、优先考虑、选择、做预算和规划合适的项目，给组织的战略利益提供最大的价值和贡献。因此，项目组合管理如果有效，就能确保项目符合企业战略，项目组合中的项目优先级如果排列正确，组织资源分配就可以达到最优。项目优先级的选择一般基于企业或组织的风险承受力、资源的可用性、项目的盈利能力、社会价值或贡献和所处战略价值综合考虑。企业或组织可以应用项目管理的多标准决策分析技术，通过计分卡的方式选择项目。项目计分卡的评估项最好有 10 条以上,每个计分卡的评估项可以按 0～5 打分。当然不同的评估项根据企业或组织的特殊情况可以设成不同的计算权重。具体的评估项可以包括但不限于如下内容:

(1)项目的机会点很重要,是否是客户发起该项目请求,并有明确的客户需求,根据客户需求期望的程度打分,需求强烈为 5 分,没有需求为 0 分。

(2)客户在近 6～12 月内是否有明确的预算,有预算为 5 分,没有为 0 分。

(3)客户针对此项目是否有明确的接口人,有接口人为 5 分,没有为 0 分。

(4)项目的实施是否可以完全满足客户的需求还是部分满足,按满足的比例打分。

(5)项目交付的产品是否在市场上有更多潜在的客户,无市场潜力为 0 分,有一定的潜力为 1～2 分,有一些客户想要为 3～4 分,大多数客户想要为 5 分。

(6)项目交付的产品是否符合企业或客户战略,按照符合程度的估计打分。

(7)项目实施的成本费用是否能够符合最初的预算要求,按照符合程度的估计打分。

(8)项目实施方是否有适当技能的人员完成此项目,按照人员的技能情况打分。

(9)项目实施过程是否有违反法律法规和知识产权等不可预料或不可控制的风险,按照风险程度的评估打分,评级为高风险打 1 分,较高风险打 2 分,中等风险打 3 分,较低风险打 4 分,低风险打 5 分。

(10)项目实施方是否以前实施过类似项目或有替代的解决方案,按照所具备的组织过程资产的成熟度打分。

如果项目实施组织涉及多个项目的选择计分不相伯仲,还可以通过比较利益模型,即 Q-排序(Q-sort)模型进一步比较。比较利益模型就是根据项目的相对优点进行排序,最终决定哪个项目为首选项目。Q-排序的具体步骤如下:

第一步:为每位参与项目选择评估的参与者准备一副卡片,每张卡片写上待选项目的名称和内容简述。

第二步:让每位参与者把卡片分成两堆,一堆代表优势项目,另一堆代表劣势项目。优势和劣势项目的数量不用相同。

第三步:让每位参与者从每堆卡片中抽出一些放在一堆,代表中等优势项目。

第四步:让每位参与者从优势卡片中抽出一些放在一堆,代表最有优势的项目,再在劣势卡片中抽出一些放在一堆,代表最劣势的项目。

第五步:让每位参与者考虑自己的选择,权衡每张卡片的摆放位置,直到满意为止。

当然可以辅助一些数学模型加以辨别,如项目的净现值(Net Present Value,NPV)大于零,当 NPV 等于零时,选内部报酬率大的。如果读者想学习这些数学模型的具体应用方法,可以参考相关的财务著作,比如注册会计师之类的书籍。

1.2.8 组织改造的九步法

组织改造的九个主要步骤是基于哈佛商学院的教授针对一百多家企业的研究成果的改良而得出的。同时,研究表明,组织对这些步骤的执行乏力也是通常导致组织变革失败的主要原因。这九个主要步骤如下:

(1)产生紧迫感(Creating a Sense of Urgency)。

组织整体对变革缺乏紧迫感,比如组织缺乏激励机制,员工对变革没有动力,更不会全力以赴促使变更的实践。组织中绝大多数的管理者对变革颇有微词。总之,在所有的变革中一半未能实现自己目标的原因是由于对本步骤缺少足够的关注。

(2)形成指导联盟(Forming a Guiding Coalition)。

为了使组织中的团队成员产生紧迫感以实现组织的变革目标,组织需要组成有足够权力的小组领导此次变革行动,并形成指导联盟。没有强大的指导联盟往往会导致变革半途而废。指导联盟的权力不仅意味着形式上的权威,还包括领导者的经验,以及可能获得尊重和信任的能力。指导联盟应该确保鼓励组织中关键相关方的合理参与,包括业务经理、IT 人员和用户群等。指导联盟的核心团队成员必须随时准备花时间和精力说服和激励他人参与。指导联盟在刚开始时团队会比较小,随着符合组织战略的项目组合支持者的增加,整个项目组合本身获得越来越多的成功并实现了组织的既得利益,指导联盟的团队应该不断扩大,以便包含更广泛的人员和职能部门。

(3)创建愿景(Creating a Vision)。

指导联盟应该负责确保创建愿景描述组织变革的目标,如果没有明智和易于理解的愿景,组织变革的实施就可能轻易分散成一系列混乱和相互矛盾的项目,可能将组织引向错误的方向,甚至根本没有方向或者止步不前。按照可借鉴的经验是"如果一个组织或个人不能在五分钟内解释清楚愿景,就说明愿景本身不够清楚和重点突出"。

(4)传达愿景(Communicating the Vision)。

虽然组织的愿景在帮助指导和协调变革方面是强大的工具,但只有向利害相关方有效地传达愿景时才能实际发挥作用,每个利害相关方都应该了解愿景。比如在向利害相关方传达愿景时可以采用必要的引导技术,我们可以问引发大家思考的问题。可以借鉴的问题有"如果我们什么都不做会怎样""愿景对我有什么好处"等。在传达愿景时应该对利害相关方产生激励、鼓舞或必要的能量传导,从而促进组织变革的顺利进行。

(5)使他人能够按愿景行动(Empowering Others to Act on the Vision)。

产生紧迫感、建立指导联盟、创造并传达愿景都是为了鼓舞干劲、激发热情、获得支持和承诺,从而能够成功地实施组织变革。另外,需要完成组织人员的必要授权,保证他们会得到明确的既定目标。一般来讲,人员一旦得到权力,就会激发相应的责任。

(6)规划并产生短期的胜利(Planning for and Creating Short-term Wins)。

阶段性的或短期的胜利有助于保持组织变革的努力并保持高度的能量和承诺。真正的变革需要时间,如果没有短期的胜利,很多人就会放弃或者加入反对变化的行列。组织需要利用速赢的可靠性形成一种既定的变革事实,克服未来可能遇到的更大的问题。

(7)整合改进,产生更多的变革(Consolidating Improvements and Producing More Change)。

短期胜利的成功保持了前进的势头,产生了更多的变革。在组织变革中,必须认识短期胜利(Short-term Wins)、中期胜利(Medium-term Wins)和长期胜利(Long-term Wins)的积极作用,变更应该深入或植入企业的文化中,否则变革的新方法都很容易受阻进而失败。

(8)让变革成为制度(Institutionalizing the Change)。

组织内部需要将变革制度化,制度是让人看到变革的好处并愿意依从。例如,显示新方法、行为和态度怎样可以帮助组织提升工作效率。许多变革的失败都是因为没有将它们纳入日常的实践,组织需要确保通过制度的确立巩固变革所带来的新方法的持续落地实践。

(9)逐渐形成组织文化(Developing Organization Culture)。

组织文化是一个组织的全部想法、企业价值观、信仰、实践、行为期望以及员工共有的日常工作习惯,也就是做事的正常方式。可以说文化是实施组织变革问题的核心关键,好的企业文化一般会支持组织的变革实施,否则就可能成为莫大的阻力。

改变组织文化的一个关键是了解你不是在改变文化,而是在改变员工的行为。换句话说,在围绕组织变革实施持续改进时,你是在让员工改变他们的行为方式,你希望他们遵守新的变革活动和程序,并适当地使用新的工具。

员工改变行为,随着时间的推移,就会逐步形成新的企业文化。高层管理者在改变组织行为要发挥必要的影响作用,成为正确的行为榜样。如果高层管理者没有遵守变革后产生的既定制度或流程,那么就等于允许别人效仿他们。

必要时还需要企业或组织的人力资源部门的帮助,因为改变员工的行为与确保岗位职责描述的及时更新存在直接的联系。通过合理的制度激励和完善的员工绩效计划,促使员工有履行责任和激发自身期望持续改进或改变的愿望,这一点在绝大多数企业都是非常关键的。

1.2.9 组织变革的八步曲

约翰·科特是公认的组织级领导与变革大师,也是世界顶级企业领导与变革领域最权威的代言人。在《领导变革》一书中,他创造性地总结出极具可操作性的组织变革八个步骤。这与之前讲述的组织改造九步法基本吻合。

第一步:制造强烈的紧迫感

让组织中有足够的人在工作中保持一定的紧迫感,是组织开始变革的基础。紧迫感会使人们意识到进行变革的必要性和重要性,并且开始为变革采取行动。可以消除组织中存在的不良情绪,减少不良情绪对变革活动的破坏。

举例:古有赵武灵王和秦孝公治国的内忧外患,以君王为首的自上而下的紧迫性思想的宣贯,才会有后来的胡服骑射和商鞅变法的粉墨登场。

第二步:建立一支强有力的指导团队

这个团队需要由一些有责任感的、权威的、可信任的人员组成,负责变革过程中的领导工作,这样更有利于变革的进行。否则,由某一个人单枪匹马领导变革,如果这个人在工作中缺乏必要的能力和权威的时候,变革就会受到阻碍,可能有中道夭折的风险。

举例:秦孝公启用商鞅为相,组建领导班子,剔除反对势力,就是为了组建能够持续坚持变法的团队。

第三步：确立正确而鼓舞人心的变革愿景

变革愿景常与战略、规划和预算相联系，却不能与它们等同。详细的计划和预算仅仅是变革的必要条件，组织更需要符合实际情况、能够得到组织认同、清晰的变革愿景，它可以激发组织成员的干劲，让组织成员明确努力的方向和具体行动指引。

举例：商鞅变法设立军功封爵和开荒奖励制度等措施，进一步传达所谓破除固有分封和藏富于民的愿景。

第四步：沟通愿景，认同变革

将确立的变革愿景有效地传递给组织中的相关人员，使所有的相关人员都能对此达成共识。在这个阶段，实际的行动比言语更为有效，表率比指令更起作用，领导者需要用实际的行动影响其他相关人员。

举例：商鞅变法中开始的城门立柱是让老百姓对政府树立信心。通过对阻挠变法而以身试法的贵族进行严刑峻法，以彰显变法的决心，使变革逐步深入人心。

第五步：更多的授权，能使成员采取行动

充分的授权，是在组织中进行成功变革的必要环节。具体执行变革措施的组织成员如果缺乏必要的权力，就会在工作中难以施展能力，并且不得不为自己进行必要的辩护。这样很容易造成挫折情绪的蔓延，从而阻碍变革。

举例：秦孝公对商鞅充分支持并授权。

第六步：取得短期成效，以稳固变革的信心

变革通常是一个缓慢且逐步实现的过程，在具体某一阶段，其成效并不明显。这种情况持续太久，会给组织成员造成一定的心理压力，怀疑变革的结果。因此，变革领导者需要适时地创造短期成效，帮助肯定变革成果，以鼓舞人心。

举例：商鞅阶段性实施变法，比如先推行土地私有化，在土地私有见一定成效后再推奖励耕战和军功爵制度，以及后来所推的郡县制等。

第七步：拒绝松懈，推动变革进一步向前

在取得短期成果之后，组织成员的信心被调动起来，变革行动获得支持，这个时候需要注意保持组织成员的情绪，并且继续推进组织的变革，否则一旦放松之后，变革士气就很难再次回升。

举例：商鞅变法近20年，一直能够保持强有力的领导力和变法推动的支持。

第八步：固化变革，形成企业文化

将变革作为一种新的行为规范和企业文化固定下来。变革取得成功后，组织需要通过建立一定的企业文化巩固变革成果，以企业文化培养组织成员共同的价值观，推进变革活动的深入。

举例：商鞅变法的精神已经深入秦人的骨髓，所以变法的成果基本被保留下来，为秦朝之后统一六国做好充分的国家储备。

1.2.10 价值回报(VOI)与数字化转型的成熟度评估

当今社会，企业言必谈数字化转型，实施数字化转型的原动力需要我们能够最大限度说服企业关于这种转型的价值，即需要讲清楚如何把IT资产与业务资产整合起来，最终实现业务的价值。IT服务管理的最佳实践ITIL把这种价值诠释成为"服务模型"，其他行业则谓之价值回报。

以前我们谈得更多的是每个项目的ROI(投资回报)，当今这个瞬息万变的时代，VOI(价值回报)的概念呼之欲出。

关于商业论证ROI的思想随着这几年PMP项目管理和ITIL服务管理的普及遍布大江南北，使人耳熟能详，而涉及VOI澄清的方法论比较有限，关于VOI的度量体系更是未曾闻识。

如果非得说出一个，那就是"平衡计分卡"。平衡计分卡在战略层面为企业VOI的度量提供了理论依据，战略执行的绩效可以从财务、客户、内部流程运营、学习与成长等四个维度的衡量指标去度量。关于平衡计分卡的解读，详见1.2.5小节。

这个工具主要是从另一个评估维度来度量数字化转型可能给企业或组织带来的效果，

第1章 战略管理与工具实践

度量的角度如下：

(1) 成长性。

企业在特定时间内营业收入增长情况。卓越绩效企业必须在营收增速方面快于同行业竞争者。

(2) 盈利性。

卓越绩效企业必须能在长时间内保持良好的盈利能力，且盈利能力优于同行业竞争者。

(3) 稳定性。

在较长一段时间内，不管处于什么环境，卓越绩效企业的市场表现均优于同行业竞争者。

(4) 前瞻性。

为了长期保持市场领先地位，企业对与之相关的有形资产或无形资产的投资。卓越绩效企业对于未来的投资力度必须强于其同行业竞争者。

(5) 持久性。

卓越绩效企业优于同行业竞争者的表现不是偶然行为，而是长期可持续发展的能力。

1.2.11 战略与制度规范

不管是企业或IT的战略，都可以上升到企业的制度治理层面。经济学家一般认为，制度是一个社会的游戏规则，是构建人类相互行为而设定的约束。制度一定要体现有效、公正和公平的原则。好的体制孕育了好的制度，企业的体制主要表现为企业的治理结构。好的治理结构能够支持企业的战略决策、企业员工的激励和企业运作的合理控制，这也是企业治理的三大支柱。企业的战略决策要依据企业架构来进行，它的核心是投资决策。企业员工的激励包括员工的管理、激励和绩效评估等多个方面。而企业运作的控制是保证决策落地的关键，一般包括内部控制体系建设、项目和日常运营控制、供应商控制和信息安全审计等。

支持企业战略的IT治理就是加强IT决策、实施和评价等多个方面的控制和管理。IT治理体现到具体的制度上，可以包括总体管理制度、管理职责制度、安全合规性制度、应急和容灾制度等多个方面。以下是具体的制度举例。

管理职责制度

总　　则

第 1 条　为规范企业经理职责,确保各生产服务系统安全运行,特制定本规定。

第 2 条　××经理是指所有即将或已投产的各应用系统,以及支持其运行所需的系统平台、网络、机房等基础架构的负责人。

第 3 条　××经理的主要职责有：系统安全运行管理、绩效管理、流程运行管理、沟通管理、日常管理和责任认定与处罚等。

系统安全运行管理

第 4 条　对其所直接管理系统的安全运行承担直接管理责任,并有义务对其他系统提供技术支持和业务指导。

第 5 条　应组织采取有效技术措施预防技术故障的出现,并组织技术人员对出现的重大、疑难技术故障进行及时处理和分析。

第 6 条　应对直接管理生产系统的设计、开发、测试、变更等技术事项进行审核。

第 7 条　应合理安排资源、组织做好安全运行工作,对运行工作中的日常事项及时做出决定,对重大事项及时上报。

绩效管理

第 8 条　根据已发布的绩效评分标准,负责制定本项目组的年度绩效目标。

第 9 条　负责将绩效评分标准推广至所负责的运维项目组,并将本项目组的绩效目标分解至每个组员。

第 10 条　如果绩效水平低于绩效要求,须制定并落实绩效整改方案。

流程运行管理

第11条　严格按照已发布的各流程开展日常管理工作。例如，需要遵守并执行事件（故障）、问题、变更、发布和配置等管理流程。

第12条　逐步加强流程的遵从度，持续改进流程执行的效率和效果。

第13条　负责制定和审核内部工作相关技术操作规程或者手册(SOP)，以有效控制风险和提升质量。

沟通管理

第14条　及时上报重大故障，协调相关资源，尽快将系统恢复正常，并负责提供详细事故处理过程记录和总结报告。

第15条　积极响应和支持高层领导发起的各类专项工作。例如，灾备演练、系统交维和专项培训工作等。

第16条　积极协助其他部门处理相关运维工作。例如，与其他应用系统的接口统计、接口变更的通告和数据导入导出的协作等问题。

日常管理

第17条　合理设计所负责的组织架构、岗位职责和相关权限。例如，系统集中访问控制、数据库管理权限的授权和后期变更控制等。

第18条　总控团队的工作量分配，并制定合理的员工KPI考核机制，以加强项目组成员各项工作的进度和质量。

第19条　制定适当的团队激励机制，加强团队建设和协作能力。

第20条　对团队的稳定负有直接责任，任何部门人员变更需要遵守既定的变更管理流程。

第21条　针对具体岗位制定详细的培训方案和内训资料。通过各种培训机会，提高整体人员的技能水平。

第 22 条　负责员工的日常考勤管理，合理安排值班和轮休，做好节假日系统的运维保障。

第 23 条　及时提交相关服务报告。例如周报、月报和事故记录报告等。

<h2 style="text-align:center">责任认定与处罚</h2>

第 24 条　未按照既定规程的操作，并导致实际损失或损失增大的属于事故。

第 25 条　对于知情不报、故意漏报、报告不及时并导致实际损失或损失增大的，对相关人员按事故追究，并在原适用的处罚基础上加重处罚。

第 26 条　对于不配合、不支持、互相推诿并导致实际损失或损失增大的，对相关人员按事故追究，并在原适用的处罚基础上加重处罚。

1.2.12　CIO 的战略创新方向

IBM 公司在 2000 年以来针对全球 78 个国家或地区的 2 500 多位首席信息官（CIO）进行了访谈，这些 CIO 来自 19 个行业中各具规模的组织。通过这些访谈，在探索当今 CIO 如何帮助企业提高收益和个人能力建设方面达到相当的深入程度。以下就是调研报告的主要内容，是我们在考虑 IT 服务战略管理如何落地时的良好参照依据。

受访的 CIO 普遍认为企业商业模式的与时俱进会更大程度依赖 IT 的创新。CIO 们在制定业务战略和解决业务问题方面日趋活跃，其中许多人都提到应用大数据分析支持未来的商业决策。

CIO 一般会集三种角色于一身，具体包括落实真正的管理创新、提高 IT 的投资回报率和进一步扩大横向的业务影响。

1. 落实真正的管理创新

作为富有远见的梦想家，CIO 拥有敏锐的洞察力，可促进落实各种技术性工作，帮助企业从领先的技术方案中收益，比如 ERP 项目或云平台项目的落地实施等。梦想家的另一面是能力全面的实干家，通过 IT 解决方案处理和解决各种实际的业务问题。

2. 提高 IT 的投资回报率

持续关注 IT 成本的降低和工作效率的提升,CIO 作为精明的价值创造者通过不断发现新的方式,帮助客户和所在组织了解如何使用 IT 数据使业务受益。另一方面,通过提升 IT 工作效率不断消减不必要的成本开销,以达到 IT 投资回报率的提升。

3. 进一步扩大横向的业务影响

CIO 作为业务和技术的双料专家可以为组织做出最大的贡献。一方面,CIO 要在企业中扮演协作型业务领导的角色,与企业其他高管通力合作,推动实施新的业务方案和文化转变。另一方面,CIO 又扮演激励型 IT 经理的角色,在 IT 职能中发挥核心作用,激励 IT 组织的发展并实现卓越的 IT 绩效。

我们可以通过不同 CIO 在接受访谈时留下的语录,体会他们在当下的责任与担当,以及 IT 和业务之间的紧密关系。

Altagas 的 CIO 提出"随着时间的推移,CIO 角色的重心逐渐从技术领域转向战略领域"。

时代华纳的 CIO 提出"与其他许多公司一样,我们一直在探索是否可以利用外部实体帮助我们管理日常 IT 运营,使我们内部能更专注于战略性方案"。

Elders Rural Services 的 CIO 提出"现在,IT 被视为达成业务目标和使命的关键推动者,并且在制定业务战略中发挥着重要的作用。以明确的目标和意图进行管理,可以使 IT 与业务需求很好地保持一致"。

大众汽车的 CIO 提出"CIO 与其他高管人员应发挥的重要作用是,他们不仅要关注运营,还需要将创新引入业务"。

Joseph Simon 的 CIO 提出"业务与技术高管开展日常合作,通常涉及业务战略。我们正在将业务需求与技术进行整合,共同创造公司的未来"。

1.2.13 CISO 的安全保障体系

除了 CIO 主管 IT 战略规划和创新之外,企业或组织还应该有另一个重要的角色,即 CISO 在安全领域发力。CISO 即首席信息安全官。随着企业信息化的逐渐深入,互联网和企业内网的安全问题日益重要，每个企事业单位乃至个人每时每刻都感到这种网络威胁的存在。我国也出台了一系列安全的国家标准，比如《信息系统安全保障评估框架》（GB/T 20274—2006）就提出安全保障的目标范畴，包括信息系统整体安全保障、管理安全保障、技术安全保障和工程安全保障等。这些需要保障的范畴无疑给企业的 CISO 提供了很好的工作方向指引。目前较成熟的信息系统整体安全保障架构首推舍伍德商业应用安全架构（Sherwood Applied Business Security Architecture，SABSA），该架构可以理解为安全领域的企业架构。而管理安全保障一般包括信息安全管理和业务连续性管理，这两个方面正好是 IT 服务管理最佳实践 ITIL 的两个具体实践。CISO 应该结合 ITIL 的相关实践为其所在企业或组织逐步建立全面而完备的安全保障体系而不懈努力。

第 2 章 架构管理与工具实践

本章对应 ITIL 4 架构管理实践的内容,读者可以基于本章架构方法论的介绍深入了解架构管理的要点和难点。

我们迎来了 IT 赋能商业的时代,智慧城市方兴未艾,很多大中型城市的重点企业基本完成了数字化转型。企业的掌舵者意识到数字化转型能否成功是决定一个企业乃至一个行业未来生存和发展的重要因素之一,所以务必要做到战略方向的正确和具体目标的准确。如何才能做到这一点?业界有诸多顶层设计的方法论,比如企业架构方法论 TOGAF 就是其中的佼佼者,关于 TOGAF 的介绍详见本书 2.9 节架构设计方法论。企业架构的方法论从宏观总体出发,依托 IT 从战略层面的整体规划,用以建立企业商业战略和信息化项目规划落地的桥梁,从而把企业从"当前状态(As-is)"变革到"未来状态(To-be)",即实现把正确的组织变革成为可能。

比如一个在线旅游产品打折网站,其业务目标是获得旅游产品的销售额和利润的增加,并努力提高在线购物的客户体验。该网站的所属企业可以基于业务目标设立具体的产品架构愿景,相应地把架构愿景目标进一步分解,并对应角色和任务分配。通过业务事件流程图或框架图等形式呈现出来,表述业务流程的愿景规划和对应执行部门的角色与职责。企业必须通过企业架构方法论所提出的架构建模等相关技术,建立起业务流程和 IT 使能服务之间的桥梁,进一步把商业业务流程转化为可视的 IT 视图,比如组件关系图和组件部署图等,从而在企业或组织内部实现业务需要和 IT 能力承载的有效契合点。

在这个瞬息万变的时代,企业的改革和针对自身的发展创造始终处于探索阶段,企业业务模式随时面临调整,好的企业架构可以帮助组织从甲方的视角对业务进行合理的战略规划,加速企业的数字化转型和缩短业务创新的上市时间,并实现高效和安全的跨部门的统一流程和信息交换,进而改进业务和 IT 运营的效率,帮助企业实现现有投资的更好回报,降低未来投资或采购的风险。

总之,清晰的企业架构能够实现业务战略的快速响应、信息化能力的高效部署,缩短价值收益的实现周期。为了达成此战略和收益目标,企业需要具有架构规划能力的人,把业务战略的商业分析与架构管理完美结合。

由于企业的持续需要，架构师也成为当下IT从业领域的高端职业，很多IT系统开发和维护人员都想成为架构师。架构师在我国乃至整个世界市场也是奇缺的。本章通过对架构师的定义和职业分类入手，试图对架构师的技能要求进行一个全面的阐述，并介绍业界著名的企业架构设计方法论和经典架构设计案例以飨读者。

2.1 IT架构与架构师

不同的企业或个人对IT架构的理解可能不尽相同，那么IT业界是如何定义IT架构的？我们先来看看IBM对IT架构的标准英文定义：

The IT Architect defines-architects—solutions to client business problems through the reasoned application of information technology. Those solutions are manifested as architectures and can include systems, applications and process components. They may also involve the application and integration of a broad variety of products, technologies and services, various systems and applications architectures, and diverse hardware and software components.

通过以上对IT架构的英文定义，我们可以知道架构是应用架构设计方案来解决客户的实际问题，架构设计一般是由系统、应用和流程等部件组成。架构设计中也可能包括更加广泛的产品、技术、服务、硬件和软件部件等。而IT架构师是通过设计架构方案来解决客户实际问题的人。

既然架构设计是由部件组成的，我们且看部件的英文定义如下：

A component usually provides a particular function or group of functions.

部件（Components）是能够提供一个或一组特定功能的集合。部件可以是服务器、网路拓扑架构、应用软件、中间件平台、流程控制软件或服务管理软件等。架构设计并不是简单部件相加的过程，它是有一套或多套系统设计方法论的。在架构设计中要充分考虑部件的可重用性、部件的属性、方法、接口定义和部件之间的接口调用关系等。

IT架构师给客户提供的解决方案是通过系统架构设计展示和描述的，它包括操作系统的选型、存储和网络的界定、应用模块的具体逻辑定义和它们之间的接口调用关系等。IT架构师的职责类似一个建筑设计师，它侧重于方案设计阶段的工作，但是架构师也要全程参与项目的具体实施。在方案实施过程中,架构师扮演了一个与客户进行技术方面沟通的桥梁角色,并且对 IT 施工团队提供必要的技术指导和实施引导等。IT 架构师要确保项目的具体实施过程是完全按照既定架构设计方案完成的,并且架构师还要在项目实施的具体技术攻关上起到决定性的指导作用,从而让一个项目成功实施并最终顺利完成。

2.2 IT 架构师职业分类

闻道有先后,术业有专攻。我们不可能要求 IT 架构师什么都懂,架构师也是有职业分类的。每一种类别的架构师所关注的都是一个特定的领域。下面介绍一下基本的分类情况。

1. 企业架构师(Enterprise Architecture)

企业架构师立足于企业全局的 IT 系统架构,更多地关注企业的信息化总体架构,确保系统架构的总体技术方向,把 IT 的能力映射到企业的商业需要中。信息化总体架构从内容上包含 IT 资金投资回报、IT 战略规划和实施路线、IT 政策原则指导纲要与重要决策、IT 资产管控、技术管理和供应商管理等。信息化总体架构侧重于 IT 与商业之间的关系、商业流程、活动、组织职能的定义、信息资源的合理利用、平衡不同风险承担者之间的利益关系和 IT 技术如何满足企业未来商业运作的需要等。如 IBM 全球商业服务部门(GBS)的商业分析师很多是解决企业商业战略规划问题的企业级架构师,他们帮助大中型企业建设可靠的、科学的、低风险的、满足未来需要的信息化总体架构,以提高企业的综合竞争能力。对应 ITIL 4 的商业分析实践的相关内容。

2. 应用架构师(Application Architecture)

应用架构师是通过设计应用软件来解决企业目前所面临的实际商业问题,并通过开发出来的先进软件或工具实现企业的商业运作自动化,提升企业整体的服务能力,从而提高企业的运营效率。企业的应用软件可能是运行在不同的操作系统平台上(Windows、UNIX、Linux、Mainframe),并且有些软件是很多软件包的集合,例如企业的 ERP 应用系统就是财务软件、进销存软件和生产计划管理软件等的集合。应用架构师要通过恰当的方法收集已经应用到当前企业环境的软件对外接口的设置,应用于自身性能、可用性、可扩展性和数据一致性等需求信息,这些信息可能成为其用来设计一个全新的应用系统所必备的输入信息。应用架构师在了解企业客户目前的 IT 环境后,就可以应用目前比较流行的软件设计模式设计出符合客户要求的软件架构设计方案。模式是指软件设计的共同的本质,如 Java 语言的 23 种架构设计模式等。应用架构师通过统一建模语言 UML(Unified Modeling Language)说明指定模式的具体组成和实现办法。UML 的图例一般包括用例图(Use Case Diagram)、类图(Class Diagram)、序列图(Sequence Diagram)、状态图(State Chart Diagram)、活动图(Activity Diagram)、部件图(Component Diagram)和部署图(Deployment Diagram)等。

3. 信息架构师(Information Architecture)

信息架构师考虑更多的是在设计方案中企业的 IT 信息、后台数据库和数据仓库的搭建工作。他们所关注的是数据库(关系型数据库、文件数据库、面向对象数据库)、文件系统(本地文件系统、网络文件系统、分布式文件系统)和存储设备(SAN 存储、NSA 存储)容量的使用设计和服务的搭建工作。具体来讲,在设计信息系统时,架构师要考虑数据库表空间的物理划分、表结构的设计、信息索引的优化、物理文件系统和存储空间的合理分配与有效利用等问题,例如信息架构师可以给客户提供数据仓库和商业智能的解决方案。

4. 基础设施架构师(Infrastructure Architecture)

基础设施架构师要考虑数据中心基础设施的具体搭建工作。比如在一个数据中心可能会有很多的工作站、服务器、中间件、存储设备、网络设备和机房的物理设备(电源、光纤、电缆和空调等)。架构师要统筹安排所有基础架构设备的集成设计和服务搭建工作,使网络设备、操作系统和软件应用平台能够很好地协同工作。换句话讲,就是基础设施架构师主要负责企业数据中心的整体设计和搭建工作。当前很多大型企业和网站都在搭建基于云计算的下一代数据中心,如亚马逊、谷歌、微软、IBM 和阿里巴巴等。这些企业都培养了一大批云计算架构师来满足下一代数据中心搭建的需要,这些架构师就是基础设施架构师。

5. 集成架构师(Integration Architecture)

集成架构师关注的是如何设计出好的集成方案来安装应用软件、服务器和网络等基础设施及设备,使它们能够满足企业级的需要。这种方案可以使用不同的技术、不同供应商的产品、不同平台的软件和不同类型的服务器。但是要注意的是,要确保它们可以协同工作。

集成架构师一般会在一些做系统集成的企业从事具体的工作,他们能够设计并提供给客户一整套完备的系统集成方案。集成架构师的工作是基础设施架构师工作内容的一部分。

6. 运维架构师（Operations Architecture）

运维架构师的设计方案是针对目前的基础架构和应用软件变更的解决方案。日常的运维变更工作可能会包括新系统的安装、旧系统的变更、数据的迁移、存储容量的扩容和新业务升级等。这就要求运维架构师充分了解日常运维变更的需要,并把变更的需要转换成指定的解决方案或产品服务。运维架构师在日常的 IT 系统运维操作过程中起到技术指导的作用。

7. 系统工程架构师（Systems Engineering and Architecture）

系统工程架构师更多关注整个系统生命周期中架构设计的质量,并进行评估。架构评估有两种常见的方式:第一种是通过建模或模拟系统的一个或多个方面来确定架构的属性,架构的属性可以包括吞吐量、伸缩性、可维护性、内聚性和耦合性指标等。例如,利用 LoadRunner 软件进行性能模拟测试就属于这种评估方式。第二种是通过对架构师提出质询来评估该架构,从中找出架构不能满足需求所关注的功能、质量和可能有的设计风险等。如果这个项目足够复杂,系统工程架构师会充当检验员的角色对架构设计方案设置一些相应的检查点,然后建立一个针对解决方案的评估标准,以确保最终提供高质量的架构设计方案或产品来满足客户的需要。换句话讲,系统工程架构师是架构师团队里的质量审计人员,他们会对其他架构师的方案进行技术审定和校验。IBM 就设有内部的技术评测部门,任何 IBM 架构师设计的方案在真正落地实施前都需要先通过技术评测,负责技术评测的人员就充当了系统工程架构师的角色。

2.3　IT 架构师基本素养

IT 架构师需要很广泛地应用产品和技术知识,比如网络设备、服务器、操作系统、数据库、中间件、存储和应用软件等技术资料的掌握。当然,架构师可以依赖产品专家去安装和配置具体的硬件和软件,并执行相关应用的实施和发布。例如,数据库专家会具体安装和配置数据库产品,中间件专家会处理好 J2EE 中间件产品的发布等。但是 IT 架构师要对具体的产品或技术有宏观的把握,并在适当的时候提供技术支持或解决方案。

通常 IT 架构师的基本素养要求应包括如下内容,但不仅限于这些内容。

1. 技术和实际架构经验(Skills and Experience Producing Architectures)

IT 架构师是通过提供技术解决方案来解决客户的问题。为了达到这个目的,架构师要有一定的技术专长和丰富的架构设计实战经验,以妥善处理客户的需求分析,认知客户系统的当前环境和背景信息,并提供可选择的架构解决方案、技术评估和方案实施的过程跟踪等。

2. 以方法为导向的执行法则(Disciplined, Method-Driven Execution)

架构设计要按照一定的方法和模板来设计,这些方法是用来推动解决方案的产生、管理架构师的工作和最终交付成果的。具体的方法包括架构设计模式(Pattern)、架构设计的方法论(Methodology)、计算项目实施成本的成本模型(Cost Model)和系统性能评估工具(Performance Evaluation Tool)等。比如,IBM 在 AIX 操作系统上的 NMON 工具就是一款著名的服务器性能评估软件,架构师可以应用此软件对其系统架构的运行情况进行有效的评估。另外,作为应用软件设计的应用架构师通常会了解软件开发所通用的设计模式。比如,面向对象程序设计语言 Java 的 23 种常见的设计模式,它们包括单例模式、抽象工厂模式、建造者模式、原型模式和迭代器模式等。市场上介绍软件设计模式的书籍非常多,对这些模式介绍有兴趣的读者可以参照相关的书籍进行详细了解。

3. 对整个解决方案生命周期的掌控能力(Full Lifecycle Experience)

IT 架构师一般关注更多的是解决方案的前期规划和设计。其实,了解解决方案从构建到实施,再到后期的维护服务和服务管理的整个过程对架构师来讲也是非常重要的。因为只有这样,架构师才能对 IT 服务设计、服务交付和服务管理的整个生命周期了解得更全面,才会充分考虑其所设计的系统架构在系统运营和维护阶段可能出现的问题,并预先采取适当的措施避免不必要的纰漏和意外的发生。比如有些 IT 架构师在设计时并没有考虑到安全管理、系统入侵检测和防护的问题,致使系统在真正连接到互联网后被黑客攻击,导致系统瘫痪,并造成不必要的经济损失。

4. 对行业的了解（Industry Segment Experience）

架构师除了要了解客户的商业流程之外，还要对客户所在行业有一定的了解，包括行业内特定的业务需求、发展方向和行业所应用的相关技术等。例如，在电信行业的 IT 架构师就需要了解电信行业的 eTom 规范和 CDMA 标准，还要了解当前的电信运营系统情况，比如计费系统、客服系统和网管系统的具体实现标准。由于电信行业的应用大多是关系国计民生的，作为电信行业的 IT 架构师，了解电信行业应用的容量需求，以及承载电信级应用的服务器、数据库和存储系统的性能指标也是非常必要的。

5. 领导力（Leadership）

一个成功的 IT 架构师也是一个成功的领导者。领导力体现在可以领导团队正确地做事情。其实领导力也是一种影响力，架构师的影响力可以体现在对客户或其所在的技术团队方方面面的影响。通常的影响力有如下几种：

（1）职位的影响力（Position Influence）。

利用职位所具有的权力与对方沟通，使工作顺利执行。如果一个人的职位很高，他可以通过本身的职位来影响事情的进展。

（2）酬劳的影响力（Reward Influence）。

通过发钱或物质的酬劳来影响别人。当然，这种酬劳不仅仅局限在钱或物质上，通过沟通了解下属或员工真正喜欢和想要的，然后给予他们真正在意的东西，这样才能在更大程度上激励他们。比如，有些员工并不十分在乎金钱，他们可能更多地需要被认可和鼓励，那你就要在各种适当的场合表彰他们的成绩和贡献。

（3）强制的影响力（Coercive Influence）。

领导者可以通过惩罚的方式来影响员工的行为。比如经理可以对一个不能很好完成工作的员工说："除非你把客户的问题有效地解决，否则你的年终考评就会受到很大的影响。"对那些工作态度或绩效有问题的员工，经理常常会采取惩罚的方式来扩大自己的影响力。

（4）专家的影响力（Expert Influence）。

作为某个领域的专家，你可以通过你的经验和技术能力来影响同事或客户。因为你的技术权威性，别人会很信服你并且同意你的观点。比如在某次项目会议上出现了一个技术未决问题,你可以说这个问题我以前碰到过,我是如何成功解决的。这样大家就会很认同你的专家能力,并按照你的方案来执行。专家的影响力是一种很好的影响方式,但是请不要试图过度夸大或鼓吹你的技术能力。

(5)信息的影响力(Information Influence)。

如果你具备别人得不到的信息或资源,并且这些资源又是别人特别想得到的,你可以通过共享你的信息或资源来影响别人。经理或领导一般都会具备员工得不到的信息,比如企业的战略方向、人力资源政策的最新变化等。但是,不要不当地使用信息去刺痛员工或泄漏企业内部的机密给员工。

(6)个人的影响力(Personal Influence)。

个人的影响力也就是个人魅力。你要有能力通过自身的魅力来影响别人。要想获得个人魅力,首先要取得别人对你的信任。而信任是建立在有效沟通和相互理解的基础上的。

IT架构师要不断提高自己的影响力。特别是要调用其在专家和信息方面的影响力,最终起到在项目组内的知识共享和技术引导的核心作用。

6. 超强的沟通能力和专业技能(Strong Communication And Professional Skills)

IT架构师必须要有很强的沟通、咨询和维护客户关系的能力。比如,一个好的架构师要能够很清晰地向客户和其所在的项目团队阐明一个复杂的技术或商业概念。

7. 解决问题的能力(Problem Solving Capability)

IT架构师要有很强的解决问题能力。这里的解决问题能力是指能够很好地定义并界定问题所发生的原因,并能够指导问题背景信息的采集和处理,最终及时地做出正确的判断和决定,以达到让问题圆满解决的能力。

对问题进行根源性分析有很多方法,IT架构师可以借用标准的问题分析方法,比如通过5 Why或鱼骨图理论(Fisher Diagram)找出问题的根本原因。5 Why是当你分析问题时,逐一问五个为什么,是所谓刨根问底的办法。鱼骨图理论是把所要分析的问题放到一个箭头的最右边,通过头脑风暴的方式来列举所有可能造成问题的原因,并把原因分组列在箭头的上下两边,如图2.1所示。

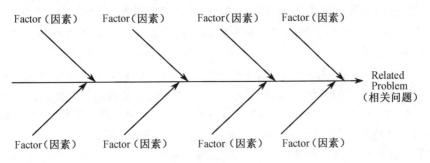

图 2.1 鱼骨图

可以对所有可能造成问题的原因进行分析,最终找出问题产生的根本原因。这些都是简单和实用的根源问题分析方法,希望它们能够在您分析问题和解决问题的时候发挥出应有的效用。

2.4 IT 架构师综合素质

2.4.1 沟通和倾听的能力

具备良好的人际沟通能力是每一个在社会上打拼的人都在努力追求的。IT 架构师的职业素养中也有相关要求。一个成功的 IT 架构师要具备很好的沟通和表达能力。沟通是双向的,在你主动向客户或技术服务人员表达你的想法时,请不要忘记也要注意倾听对方的要求和想法。我们要时刻打开心门去主动接受来自各方的不同反馈。要学会站在对方的立场和观点去思考问题。如果通过沟通,你的想法能够从对方的嘴里说出来,那时你应该对对方的观点加以肯定:"就按你说的办。"达到这个水平,那么你就是当之无愧的沟通高手了。

2.4.2 前沿技术的学习能力

想要拥有广泛的技术知识和能力,你需要了解目前 IT 技术在市场上的发展趋势。成功的架构师要对一个或两个技术领域具有非常深刻的专业知识和技术背景。比如要对目前非常流行的云计算和移动互联网技术有很好的把握。这也就是我们所说的不但要从广度上认知 IT 技术,还要对此有深度的理解。IT 架构师还要对所在的行业有非常强的行业知识掌握,比如对金融或电信行业规范的及时掌握和知识更新。IT 技术正在日新月异的变化中,身为 IT 架构师,要不断地投入时间去学习和提高自己对各种相关 IT 技术和行业规范的认知和把握能力。"不积跬步,无以至千里;不积小流,无以成江海",IT 架构师要持续地学习,寻求自身所掌握知识领域的不断突破,这样才是对自己职业含金量的有效保值。

爱因斯坦曾经说过:"现存世界的问题是不能用产生它的同一级别的思考来解决的。"IT 架构师的能力培养也是一样的。架构师在解决问题的时候,最好站在更高的角度去思考问题的本质。这就要求其不断地学习和自我修炼。要侧重解决"明天"的问题,而不是"今天"的问题,更不是"昨天"的问题。

2.4.3 项目综合掌控能力

项目综合掌控能力其实就是一种能够引导项目团队成员了解客户需求和正确解决客户问题的能力。IT 架构师所做的项目可能是客户商业战略目标的一部分。所以,当考虑客户的需求并指导相关的技术支持人员做项目实施之前,最好从目标客户的商业战略需求开始着手考虑具体的项目实施方案。这就要求 IT 架构师对客户实施项目的商业目的有很好的把握和统筹能力,这样才会更好地指导实施具体的项目。

另外,IT 架构师在指导和分配任务的时候要做到知人善用。要充分了解自己的团队,并帮助项目经理完成具体的人员调动、任务分配和结果跟踪等工作。

对 IT 架构师的项目综合掌控能力的具体阐述可以归纳为如下几点:

(1)赢得团队信任的能力。组建团队之间的信任关系,并建立良性和畅通的沟通渠道。

(2)建立良好的客户关系的能力。这种良性关系是建立在彼此长期的信任和认可基础之上的。要想长期地维护好客户关系,就要深入了解客户的真正需求,并能够帮助客户解决实际的问题。

(3)控制项目风险的能力。有效地评估项目短期和长期存在的问题和风险,及时地发现新风险,对风险进行定性和定量分析,并采取必要的风险规避策略。

(4)换位思考的能力。要考虑企业内部不同部门的利益,并了解客户真正关切的内容,从而有效地把握部门内外的沟通。

(5)横向的影响能力。通过你的信息资源、知识能力和经验总结有效地影响团队的其他成员,甚至是客户的最终决定。一个人的影响力就是不断地从自己能够控制的领域向自己以前没有能力控制或未知领域的扩展。所以，横向的影响力需要你在 IT 架构师的职业生涯中不断地努力开拓。

2.5　IT 架构师技能评估

关于 IT 架构师的技能要求在 IT 业界也是众说纷纭。IBM 作为 IT 业界备受关注的公司，它对本公司 IT 架构师的职业发展有很清晰的定位，被 IBM 认证的架构师可以直接得到国际架构师认证组织 OPEN GROUP 的承认。所以，IBM 对 IT 架构师的基本技能要求是值得我们广泛借鉴的。下面具体介绍典型的架构师技能评估细则，见表 2.1。

表 2.1　IBM 认证架构师技能参照表

技能列表 Skill Sets
应用沟通技巧，显示出良好的口头和书面的沟通能力 Apply Communication Skills
领导团队的能力 Lead Individuals & Teams
制订项目计划与建设项目组织的能力 Plan Projects
谈判和解决问题的能力 Perform Negotiations
客户关系管理的能力 Manage Client Relationships
开发项目交付结果并重用的能力 Develop Project Output for Future Reuse
应用已经存在的产品或资产的能力 Use Existing Work Products
拓展架构解决方案的能力 Develop Solution Architectures
应用模型或原型开发的能力 Use Modeling Techniques

续表 2.1

技能列表 Skill Sets
执行技术方案评估的能力   Perform Technical Solution Assessments
应用 IT 标准创建解决方案的能力   Apply IT Standards in Creation of Solutions
领导技术指导方向的能力   Lead in Setting Technical Direction
使用咨询技术的能力   Use Consulting Techniques
应用架构方法论的能力   Apply Methodologies
领导并主导解决方案最终落地的能力   Lead Strategy / Design / Implementation of Solution
安全战略解决方案的能力   Architect Solutions for Security
把客户需求变成架构解决方案的能力   Develop Client Requirements & Architectural Decisions
管理项目计划中架构元素的能力   Manage Architectural Elements of Project Plan
开发测试战略和测试计划的能力   Develop Test Strategies & Plans

以上这些技能都需要有志者在实际的项目运作和架构设计的解决方案中不断地锻炼、养成和提高。下面举例说明一些关键的能力。

在培养领导团队的能力时,你可以在实际的项目工作中运用以往所学到的知识带领技术团队解决实际的技术问题,比如解决系统的性能问题、安全隐患问题、灾难恢复问题等。

在培养拓展架构解决方案的能力时,你可以在实际项目中多了解项目所在领域的商业和技术背景知识,在实际的架构设计中应用更多成熟的架构设计模式和架构设计方法论,如应用架构概况图、架构部件(组件)模型图和系统运行部署图来逐层表述项目架构设计的解决方案。这些架构设计图将在 2.9.3 小节进行详细阐述。

2.6　IT架构设计思维逻辑

IT架构设计的思维步骤涉及对客户实际需求或当前问题的分析,输出具体的架构设计和方案等多个环节。IT架构设计要建立"见树又见林"的思维方式。以下是一些需要关注的具体要点:

(1)在客户的需求分析阶段,要了解客户的具体需求是什么,客户对以后所要完成的IT系统或产品的具体质量标准要求,以及客户当前IT环境的情况和相关约束等。

(2)在架构设计阶段,采用有效的方法或手段制定架构设计的流程,并分解相关工作。要对架构的可行性进行充分度量和论证。准确来讲就是要透过现象看到本质,透过行为看到规律。

(3)在方案结果输出阶段,要设有完备的方案检测和校验过程,以确保方案的可行性和生命力,并且要对架构具体实施中出现的问题进行及时总结和纠正。

架构设计的思考方法不是一成不变的,它具有循环性和往复性。在不断清晰项目的具体需求和技术实施办法的同时,渐进地完善可行的架构设计方案。可见架构设计与项目管理一样具有渐进明细的特点。这就需要架构师在纷繁复杂的实际环境中具备理清项目实际需求的能力,并且能够通过综合分析解决客户的实际问题。

一个好的架构设计思考方式往往可以把复杂的系统简单化、把需求模块化,并能建立、组合或破除系统模块的规则。要透过现象看到本质,研究出复杂系统构成部件(组件)之间的关联和每个部件(组件)的界限。一般的架构设计方法论都会谈到在架构设计中的每个部件(组件)之间最好是松耦合的。而且架构的设计方案要具有可扩展性,以利于未来的产品或系统的扩容需要。比如服务器的可扩展性可以通过服务器的集群来实现,软件的可扩展性可以通过定义抽象类和接口封装来实现等。

我们可以回顾一下大学时代学到的软件设计知识和软件实施办法,对以上架构设计思维步骤进行类比。大学中计算机专业的学生想必都学过一门叫"软件工程"的基础架构设计课程。软件工程是架构设计思维步骤的总结课程,通过系统工程的方法构建和维护高效的、实用的、符合质量标准的软件及其架构设计的学科。它涉及IT领域通常接触的基本部件,包括程序设计语言、数据库、中间件、软件开发工具、IT系统架构平台、软件设计标准和设计模式等方面。软件工程的知识可以应用到使用软件的所有行业,如电信、银行和政府部门等。这些行业都会雇佣懂得软件设计开发的系统分析员、软件设计师、系统架构师、程序员和测试人员等。

软件工程的目的是使所设计开发的软件产品能够满足客户的功能性需求、非功能性需求和软件设计的约束条件等。功能性需求就是软件的正确性,它指软件产品达到预期功能的程度。非功能性需求是指软件的稳定性、使用的安全性、可用性、易用性、容错性、可扩展能力和可维护性等。以软件的可用性为例,可用性是软件的最终用户对软件可用程度的衡量指标,比如软件在全年可用性需要保证99.99%,即一个提供7×24小时服务的软件的全年非计划宕机的时间不能超过52.4分钟。除了功能性需求和非功能性需求,软件设计的约束条件也是软件工程所关注的一个要点。软件设计的约束条件包括软件的投入成本、现存技术的限制和对其他软件或工具的依赖等。比如软件企业对软件的研发只投入了10万元,这是对该软件的总体预算成本,也是软件设计的成本约束;相关软件研发的人员缺少研发该软件所必备的开发经验,需要开发人员在项目运作过程中花更多的时间去学习和掌握,这就是软件设计的技术风险约束。

关于软件工程活动,可以理解为:为了成功完成一个最终满足用户需求的软件产品所定义的架构设计思维步骤及规范。具体的软件设计步骤包括软件需求分析、架构设计、编码实现、验证和测试,以及后期对软件的维护和支持等活动。需求分析是对客户需求的诠释,它要明确最终该软件或系统所要达到的功能点和客户对该软件的质量要求,如安全性、可用性和可扩展性等。架构设计活动一般包括概要设计和详细设计。概要设计更加侧重的是规划整个软件系统的体系结构,尤其是软件子系统或模块的划分、模块的接口定义和模块之间的关系等。详细设计是针对程序员编码时所需要建立的模块内部的具体属性、功能定义和数据结构的实现说明等,详细设计文档中可以包含伪代码进行关键逻辑的详细说明。编码实现是把架构设计的结果转换为可以执行的程序代码。验证和测试不仅仅是程序代码开发出来后代码测试环节,其实它是贯穿于整个开发过程的,在整个开发过程中各个阶段的验证和测试环节完成了阶段结果的确认,以此来保证最终产品满足用户的要求。比如在需求分析阶段产生出来的项目需求可行性分析报告也得被验证和测试其正确性和合理性。除此之外,项目的交付和早期的运维支持活动也是软件工程活动的重要环节,因为被开发出来的软件产品最终会被投放到生产环境并进入运营维护环节。软件产品的功能也是在运维的过程中不断地被修改和完善的。只有被妥善维护的软件才能够在稳健运行的过程中给企业和客户带来必要的商业价值。总而言之,软件工程的理论是贯穿于软件应用的整个生命周期的。

在软件应用的整个生命周期中,软件工程强调软件架构模式的复用、复杂问题简单化和

软件产品的优化。软件架构模式的复用就是重用软件开发前辈已经开发出来的成熟软件开发模式和开发代码,这也就是面向对象开发理念和编程语言产生的根本原因之一。

软件工程还强调软件产品的优化。软件产品的优化更多强调的是软件的非功能性需求的完善和软件质量的整体提高,比如如何提高软件的可用性、运行速度、用户界面的友好性,以及软件对运行该软件的服务器系统资源的消耗不断降低等。

好的设计才有好的输出,传统的设计强调有详尽的需求分析和管理流程、臻于完善的架构设计方法论、标准的研发体系,以及充分的黑盒和白盒测试等。这种重量级的设计体系和模型比较适用于商业市场需求变化不大并且技术解决方案非常明确的场景。然而,伴随着第四次工业革命的来临,AI 人工智能和大数据等全新思潮扑面而来,未来市场需求的不确定性和模糊性已经成为常态。所以另一种设计理念逐渐映入我们的眼帘,那就是设计思维(Design Thinking)。

设计思维有别于传统架构设计方法论,其强调更加贴合用户的需要,通过同理心(Empathize)和换位思考等手段真实地了解用户的切实痛点与核心诉求。通过观察和调研进一步收集用户需求,通过用户画像等手段强化针对用户需求的感性认知。使用头脑风暴和思维导图等创新技术联合用户激发更多的自由思考,不断扩展问题的思考和解决空间。进一步通过原型法(Prototype)和短迭代(Iteration)交付的方式争取每两周交付一个最小可行性的软件特性(MVP)给用户去尝试使用,这样可以及时得到用户针对产品的即时反馈。

设计思维的概念是由美国斯坦福设计研究院首次提出的,目前已经成为主流共识。ITIL 4 也非常强调设计思维对服务设计阶段的影响。设计思维的基本步骤如下:

(1)移情(Empathize)。了解你正在设计的产品所关联的利益相关者。了解所涉及的特定相关方的具体需要,获得对客户的深度理解。移情可以配合心理学理论中的换位思考和同理心等诸多实践达到更好的实践效果。

(2)定义(Define)。基于用户的核心诉求,借鉴收集需求的观察法,通过敏捷的洞察力构建可能的视点和用户画像来了解用户的真正关切,清晰表达要解决的问题。当然也可以关联传统收集需求的工具,比如利用访谈和问卷调查等辅助工具。

(3)创意(Ideate)。通过收集需求的头脑风暴和思维导图等工具激发创造性的解决方案。在产品的早期构思会议中提出许多有建树的意见,以期得到更好的客户体验。

(4)原型(Prototype)。通过收集需求的原型法和迭代探针式的尝试论证具体想法的可行性。通过原型设计达到产品的不断迭代和增量。迭代是指对当下产品功能的美化和细化,增量是不断增加新功能。原型法也可以把最初的产品路线图或蓝图通过不断勾勒的方式达到清晰呈现的效果。

（5）测试（Test）。测试是一个寻求反馈的过程，即把实施完本轮迭代和增量的产品功能拿给特定用户去测试他们的最初想法是否得到满足。产品设计和研发团队要秉承一种开放的心态，以"忠言逆耳"的态度面对可能的错误，在产品设计的早期阶段尽可能多地找出藏匿较深的错误。

设计思维就是通过这种不断迭代反馈的方法逐步探求客户或用户的真正的声音（VOC），通过设计者针对自身同理心的建立和不断强化用户参与的方式真切理解用户的真实需要。目前软件开发已经逐步从传统的瀑布式开发走向敏捷开发，开发的核心环节设计思维也必须具备敏捷的基因，以迭代交付的可工作软件来实现价值交付。无论是何种开发模式，IT架构设计的某些技术组件或工具都是有必要掌握的。

2.7 架构组件工具

架构主要是对相关组件组成，即通过使用合理的IT产品、技术和组件工具制订方案为客户解决商业运作的问题。在具体的架构设计过程中，架构师通常使用统一建模语言UML来表述组件的内部结构设计和组件之间的关系。UML是OMG(Object Management Group)在1997年开发的基于图标式的软件设计语言，UML包括一系列图：用例图（Use Case Diagram）、时序图（Sequence Diagram）、类图（Class Diagram）、合作图（Colloboration Diagram）、状态图（Statechart Diagram）、部件图（Component Diagram）和部署图（Deployment Diagram）等。

这些图大体划分为结构型图和行为型图两大类。结构型图描述了系统的静态结构，体现系统架构中已有的类及它们之间的静态关系。类图、组件图和部署图都属于结构型图。行为型图描述系统的动态性质及类元素如何协作产生满足架构要求的行为方式。用例图、时序图、合作图和状态图都属于行为型图。通常用例图、时序图和类图最为常用，以下是常用UML图例的具体介绍。

1. 用例图

用例图描述一系列的系统角色和使用用例及它们之间的关系，可以用来对一个系统的最基本的行为进行建模。用例图最重要的元素是参与者和用例，以此体现系统能够为内外部的参与者提供的功能。参与者是与系统交互的角色或系统，参与者既可以是系统的用户，也可以是与系统有直接交互关系的系统。用例的名称应该从参与者的角度进行描述，并以动词开头清晰地表达用例的语义。图 2.2 是云计算平台管理系统的用例图举例。

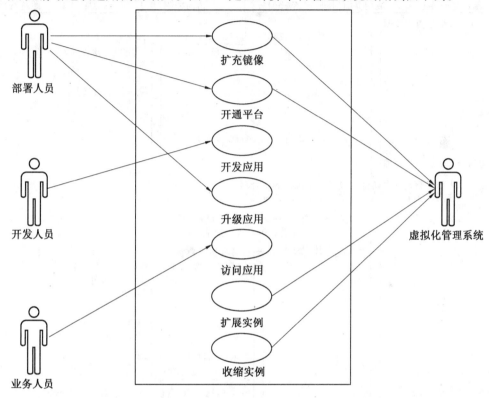

图 2.2　云计算平台管理系统的用例图

2. 时序图

时序图是一种相互作用图,描述不同对象之间信息传递的时序。时序图按照时间的顺序从上往下显示每个使用用例。在一个时序图中,垂直的虚线或实线叫作生命线,它代表一个对象存在的时间。每一个箭头都是一个调用,箭头一般从调用者对象链接到接收者对象的生命线上的激活条上。每个激活条代表调用所持续的时间。图 2.3 是个人信息查询功能时序图。

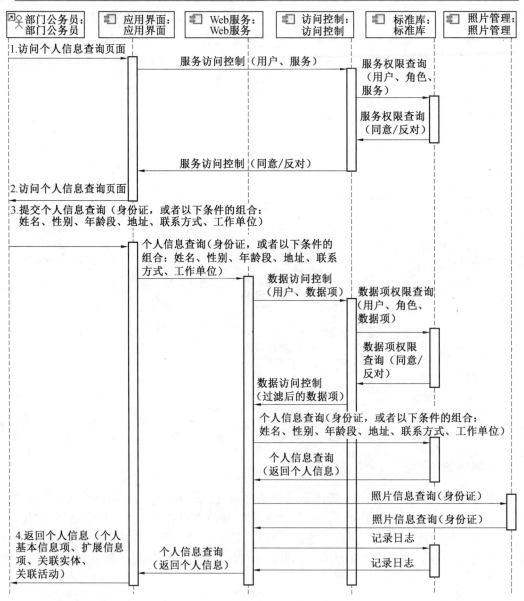

图 2.3 个人信息查询功能时序图

3. 类图

类图描述一些类、接口以及它们之间的静态结构和关系的图。类的基本元素包括类名、属性和方法等。类分为实体类和抽象类,实体类是可以直接实例化的类,而抽象类会定义很多抽象的方法,在继承的类中进行方法的具体实现和类的实例化。

通常类图中会出现如下六种类与类之间的关系类型。

(1)依赖(Dependency):类 A 的变化会影响类 B,但反之不成立,那么 B 和 A 的关系是依赖关系,B 依赖 A。UML 中用带箭头的虚线表示依赖关系,箭头指向被依赖元素。

(2)泛化(Generalization):通常所说的继承关系。UML 中用带空心箭头的实线表示继承关系,箭头指向被继承的类。

(3)实现(Realize):接口 A 定义一个约定,类 B 实现这个约定,则 B 和 A 的关系是实现,B 实现 A。UML 中用空心箭头和虚线表示实现关系,箭头指向定义约定的元素。

(4)关联(Association):类间的结构化关系,是一种弱关系。UML 中用实线表示关联关系,箭头指向被关联类。

(5)聚合(Aggregation):聚合关系的一种特例,表示部分和整体的关系。UML 中用带空心菱形头的实线表示聚合关系,菱形头指向整体。

(6)组合(Composition):组合是聚合关系的变种,表示类间更强的组合关系。如果整体被破坏则个体一定会被破坏,而聚合的个体则可能是被多个整体所共享的,不一定会随着某个整体的破坏而被破坏。UML 中用带实心菱形头的实线表示组合关系,菱形头指向整体。

图 2.4 为来自互联网的介绍动物关系的类图举例,很形象地表述了类与类的关系类型。

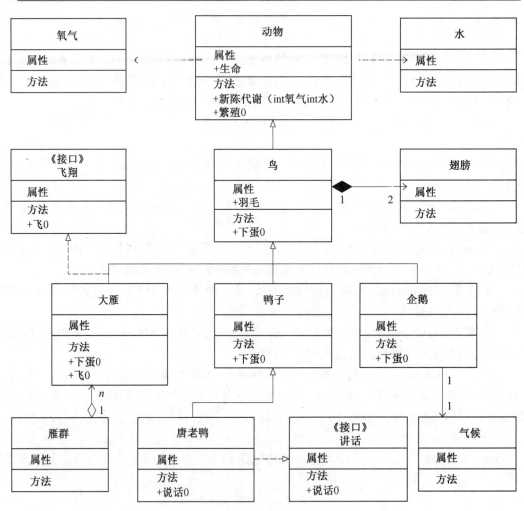

图 2.4 动物关系的类图

2.8 典型架构设计模式

目前架构设计领域已经定义了很多典型的架构模式,这些可供参考的架构模式都提供了一个技术逻辑运营模型和相关说明。在具体的架构设计中可以引用一些比较典型的架构设计模式。一个模式通常包含对一定范围内重复性的问题所提供的已知答案或可行性方案。模式可以作为相类似问题的参照标准和研究起点。模式提供了一个可归纳经验和知识的机制,并提供 IT 架构师或系统设计人员使用的共同语言。由于模式是成功的问题解决方案,而且已经应用于其他地方,有效的架构模式可以起到降低项目成本和风险、提高设计质量和缩短设计时间等作用。

研究经典的设计案例或设计模型能够大大节省 IT 架构师的设计时间与设计成本。IT 架构师可以直接去填充相应的内容或更改部分架构部件(组件),从而很容易地实现其所要完成的架构设计要求。当然,IT 架构师需要首先知道其所在领域中存在哪些经典的案例。当确定所需研究的案例后,如果想研究架构,就应当阅读架构的说明手册。想研究某种实现方式,就应该分析架构部署到生产环境后的维护文档。如果想纵览架构设计的全局,那么就必须掌握所有相关的技术资料以通晓其原理。美国著名计算科学家、图灵奖得主布鲁克斯在他的经典软件工程著作《设计原本》中就对设计案例的重用有更深入的观点,其具体观点如下:

(1)设计师应该对他所在领域的案例或范例烂熟于心,了解它们的优劣,用创新来掩盖自己的无知不是一个好的办法。

(2)在除了艺术之外的工程领域,无端的创新纯粹是自作聪明,也是一种极其自私的举动,因为这必将导致灾难性的后果。

(3)当设计师掌握了前辈的风格之后,他们就拥有了创新的基础,从而对新的创意更得心应手。

总之,一个架构的参考模式是否使用得好,完全取决于 IT 架构师是否真正理解具体参考架构的实质。为了更好地认识架构设计模式,下面介绍几种典型的架构设计模式。

2.8.1 电子商务模式

电子商务模式起始于商业领域,但与技术有着密切的联系。它是已经被证明可以重复使用的架构体系。电子商务架构模式定义了五种子模式,即商业模式(Business Pattern)、整合模式(Integration Pattern)、复合模式(Composite Pattern)、应用模式(Application Pattern)和系统执行环境模式(Running Pattern)。这些模式架起了商业和IT的桥梁。它们之间的关系如图2.5所示。

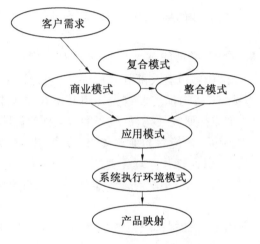

图2.5 电子商务模式的内部关系图

通过图2.5我们可以了解到,电子商务模式就是试图把客户的业务需求分解成具体的模式,并落地变成产品或服务的具体方法。2.10.1小节是对电子商务模式分解的具体落地实施案例,该案例应用了业界比较先进的IBM架构设计方法论,该方法论将在2.9.3小节具体论述。我们可以认为电子商务模式是ITIL 4的商业分析实践的具体应用。

2.8.2 数据中心整体架构模式

一个典型的应用IBM产品的数据中心整体架构模式如图2.6所示。

第2章 架构管理与工具实践

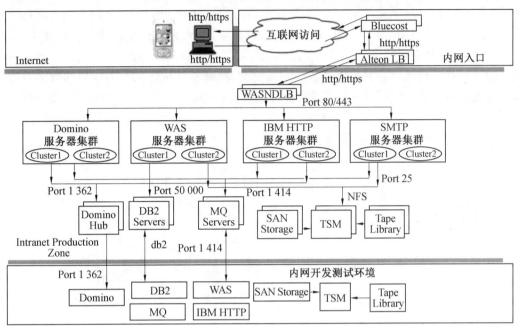

图 2.6　数据中心整体架构模式

通过图 2.6 我们可以看到,终端用户可以通过计算机或支持移动互联网的手机访问数据中心的互联网应用。用户的访问请求会通过 Blue Coat 和 Alteon 的网络设备接入和处理实现。Blue Coat 设备提供了网络访问的安全控制、数据加速、数据重定向和数据过滤机制。Alteon 或 A10 设备提供了对互联网应用请求基于硬件级别的负载均衡和请求代理的功能。IBM 的 WAS Network Deployment(ND)用来实现对来自互联网的应用访问请求基于软件级别的负载均衡。在该架构模式中,我们还可以看到该数据中心提供了集群的 Domino 邮件服务、Websphere Application Server(WAS)中间件服务、IBM HTTP Web 服务、SMTP 服务和 IBM Tivoli Storage Manager(TSM)存储备份服务等。IBM TSM 可以提供对操作系统、软件和应用系统数据的备份和恢复功能,并把备份文件存储到相应的 SAN 存储或磁带库中。整个数据中心分为不同的网络安全访问区域,具体的网络区域包括企业内网的 DMZ 区域(Intranet DMZ Zone)、企业内网的生产系统区域(Intranet Production Zone)和开发测试区域(Intranet Development & Test Zone),并通过物理防火墙来隔离不同的网络区域。DMZ 是英文"Demilitarized Zone"的缩写,中文名称为"非军事化隔离区域",DMZ 设立了一个内外网访问的缓冲区,直接参与内外网访问的 Blue Coat 设备和 Alteon 设备就设在这个区域里。除了 DMZ 区域外,数据中心对内网的生产环境和开发测试环境进行了有效的隔离,内网的生产系统区域承载的是所有的数据中心生产环境的应用或数据,而开发测试区域中的应用和数据主要为应用系统上线之前在此区域进行开发测试和功能验证之用。

2.8.3 数据中心接入访问架构模式

为了对数据中心的接入访问有更进一步的理解,一个应用 IBM 产品的数据中心的接入访问架构模式如图 2.7 所示。

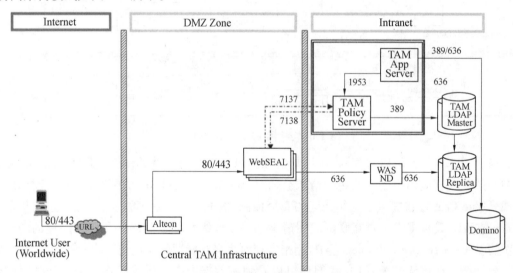

图 2.7 数据中心接入访问架构模式

在图 2.7 中,终端用户通过计算机访问数据中心的互联网应用。用户的应用访问请求会通过 Alteon 网络代理设备连接到负责数据中心集中访问和单点登录的 IBM WebSEAL 设备。WebSEAL 是负责管理并保护基于网页应用和资源访问的资源管控设备。WebSEAL 通常作为逆向 Web 访问代理,从 Web 浏览器接收 HTTP/HTTPS 请求并交付给后端应用服务器进行处理,并将最终处理结果返回给服务请求方。凡是通过 WebSEAL 的 HTTP/HTTPS 服务请求,还会由 IBM Tivoli Access Manager(TAM)的访问安全策略服务器(Policy Server)进行授权评估,以确保仅为已授权的用户才能够访问所请求的资源。通过 IBM WebSEAL 和 IBM TAM 部件的协同工作,数据中心的访问安全得到了极大程度的保证。

2.8.4 云计算数据中心的架构模式

图 2.8 是一个云计算数据中心的架构模式。

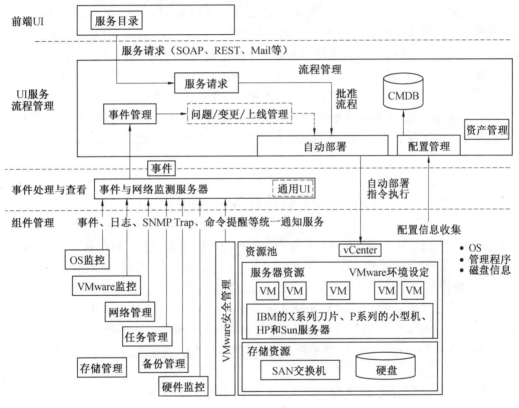

图 2.8 云计算数据中心架构模式

云计算的概念是 2006 年由谷歌的 CEO 埃里克·施密特率先提出的。云计算是一种全新的商业模式,云计算的核心是资源共享,共享的就是数据中心的软硬件资源。在图2.8中,数据中心的物理资源有 IBM 的 X 系列刀片服务器、P 系列的小型机、Z 系列的大型机、HP、Sun 和微软的服务器、SAN 存储和网络。在云计算数据中心,可以采用目前比较流行的虚拟化技术对所有的物理资源进行虚拟化,虚拟化的目的是使 IT 资源更加标准化,以方便资源的共享和动态按需分配。可以虚拟化的资源包括服务器、存储、应用和中间件平台、网络资源和用户桌面等。服务器虚拟化分为一虚多和多虚一两种。一虚多是以 VMWare 和 Citrix 为代表的单机虚拟化,即通过底层系统管理平台 Hypervisor 把一个物理服务器分割成多个虚拟机来使用。多虚一是以谷歌为代表的,通过 Apache Hadoop、GFS 和 MapReduce 等技术把多台物理机器联合起来当成一个机器来使用。Apache Hadoop 可以实现对多节点集群服务器的控制和管理;Hadoop 通过强大的作业调度机制实现高性能的基于海量数据的分布式处理框架;GFS 是谷歌的分布式并行文件系统,是一种快速并行数据存取技术;MapReduce 主要是通过"Map(映射)"和"Reduce(简化)"两个步骤实现并行的数据处理,在并行的处理过程中应用类似 ZooKeeper 的守护进程保证处理的高效性和过程的完整性。

业界有很多厂商都在提供云计算和虚拟化服务,最著名的要数亚马逊、谷歌、IBM、阿里巴巴和腾讯。

亚马逊的云计算数据中心通过 Amazon Web Service(AWS)云平台提供服务器的租赁服务,AWS 主要是提供基础设施即服务(Infrastructure as a Service)的云计算平台,该平台通过 Amazon EC2(Elastic Compute Cloud)提供计算服务,通过 Amazon S3(Simple Storage Service)提供存储服务,通过 Amazon SimpleDB 和 BigTable 提供数据库服务。目前包括 Facebook 在内的很多应用和游戏软件都部署在 AWS 上,Amazon 开放云平台开发接口,开发人员可以基于 Amazon 提供的 API 编写应用程序并很容易地部署到 AWS 上。

谷歌在自己的数据中心搭建 Google App Engine(GAE)云平台,提供包括 Google Mail、Google Map 和 Google Docs 等 5 万多种应用供全世界的网民使用。近些年谷歌推出的 Google 无人驾驶的汽车和 Google 眼镜引领了新一轮的 IT 科技潮流,这些新兴产品也代表了谷歌强大的 IT 创新能力。

IBM 涉足云计算是从 2007 年开始的,并在同年推出 IBM 第一个云计算商业解决方案——蓝云(Blue Cloud)。IBM 的云计算数据中心更多的是使用 IBM 自己的产品,比如数据中心的物理层会使用 IBM 的 X 系列和 P 系列的服务器。通过 VMWare ESXi 软件在 IBM 的 X 系列服务器上建立基于 Windows 和 Linux 的虚拟机,在 IBM 的 P 系列物理服务器上应用虚拟 IO 技术(VIO Server)建立基于云计算的云操作系统平台。IBM 的硬件控制台(Hardware Management Console)用于动态地创建和维护逻辑分区(LPAR),并在 LPAR 上安装 IBM 的 AIX 操作系统。VMWare 的 vCenter 用于集中管理建立在 VMWare 上的虚拟机。IBM 通过运用自己品牌的 IT 服务管理软件 Maximo 对数据中心日常所发生的系统故障、问题和变更进行管理。IBM 的系统监控软件 Tivoli Monitor 用于对整个数据中心的软硬件进行监控和事件管理。IBM 的存储备份软件 Tivoli Storage Manager(TSM)用于提供对数据中心的操作系统、应用软件和数据的备份恢复功能。2012 年 IBM 开发出一个基于 IT 服务管理全生命周期对数据中心进行管理的平台——Smart Cloud Enterprise(SCE),它提供了对数据中心的整个服务生命周期进行管理。IBM 于 2013 年收购了云计算平台供应商 SoftLayer,从而更加确定了 IBM 在企业级云计算交付市场的领导地位。

另外,图 2.8 中可以看到在数据中心中被虚拟化的物理资源最终要用于提供服务给终端企业或用户,并且数据中心要对整个服务的生命周期进行管理。管理内容可以参照 ITIL 服务管理最佳实践的具体要求,比如服务战略、服务目录管理、服务级别管理、服务安全管理和 IT 服务财务管理、服务运营、服务监控和用户访问管理等。通过先进的云计算虚拟化技术和有效的 IT 服务管理,终端企业或用户可以真正实现对数据中心所提供资源的按需和快速获取。这种先进的数据中心架构模式也大大减少了数据中心管理人员的运维负担,并提高了数据中心资源的使用效率和资源调配的灵活度。

2.8.5 物联网架构模式

云计算是物联网的后台运行中心,物联网是未来云计算数据中心能管理的终端节点所存在的物理范围的统称。物联网技术是目前 IT 业界非常热门的话题,最早提出这个概念的是美国麻省理工学院的凯文·阿什顿教授,他是在 1999 年在研究 RFID 技术时提出来的。原先的物联网只是指基于 RFID 技术的物联网,随着 2005 年国际电信联盟(ITU)重新定义了物联网的概念,自此物联网的覆盖范围有了较大的拓展。按照摩尔定律的说法,支持数据中心的信息通信芯片上可容纳的晶体管数目每隔 18 个月会增加一倍,这就预示着未来云计算数据中心必将全面支撑更多的物联网业务的处理能力。IBM 的前 CEO 郭士纳也曾提到计算模式每隔 15 年发生一次变革。

物联网的英文是 Internet of Things,简称 IOT。根据它的字面意思很容易了解到物联网就是"物物相连的互联网"。这里面有两个层面的含义。

第一层含义，物联网的核心和基础仍然是互联网，它只是在互联网基础上的延伸和网络的扩展。

第二层含义，终端用户可以把它的访问从互联网延伸和扩展到任何物体与物体之间，进行信息的交换和通信。

物联网的标准定义是通过射频识别（RFID）、红外感应器、全球定位系统（GPS）、激光扫描器等信息传感设备，按照约定的协议把任何物体与互联网相连接，进行信息交换和通信，以实现对物体的智能化识别、定位、跟踪、监控和管理的一种网络。

物联网的具体应用可以通过RFID技术对各种资产（Assets）的定位和管理、携带无线终端的个人与车辆的监控，通过各种无线或有线的长距离或短距离通信网络实现互联互通等。物联网的具体实现功能有个性化的实时在线监测、定位追溯、报警联动、远程控制、远程维保等服务管理功能，实现对"万物"高效、节能、安全、环保的"管、控、营"一体化。

图2.9是一个物联网的架构模式。

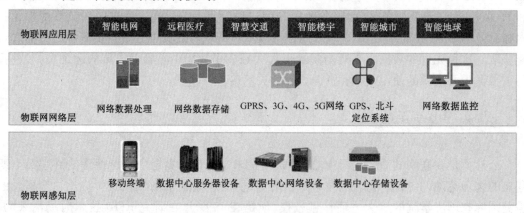

图2.9 物联网的架构模式

物联网的架构模式一般分为感知层、网络层和应用层。

感知层是指通过识别采集技术对世间各种物件的全面感知，比如Barcode、二维码和RFID都是人们耳熟能详的感知解决方案。RFID技术的研究开始于20世纪六七十年代，美国通用汽车公司率先在其汽车生产线上采用此技术，美国国防部和零售巨头沃尔玛公司在21世纪初对其商品包装箱都有明确的安装RFID的需求。未来RFID的应用将无处不在，而支持全新网络地址规范 IPv6 的全面实施将彻底解决物联网推广过程中 IP 地址短缺的瓶颈。

网络层是通过五花八门的有线和无线通信网络将感知和采集到的信息进行可靠的处理和传递。以 IEEE 802.15.4 技术为代表的无线传感网技术有其固有的优点，如终端功耗和架设成本低等。但是也有其固有的缺点，如传输距离近，无法支持大规模广地域部署等。同时以 GPRS/3G/4G/5G 为标志的广域无线技术也已经广泛应用于如车辆跟踪、环境监控等需要跨越较大地理范围，或者目标移动的物联网场合。而广域无线技术也有其固有的局限性，如终端耗电量大和通信费用高等。构建一个可供多个物联网应用共享的物联网网络平台将是未来的趋势，其特点是可以兼容多种传感网及无线广域网技术，同时又可以为物联网应用开发者提供开放的、可扩展的、低成本的和端到端的网络基础设施。

应用层是物联网的应用平台。物联网发展到一定程度会像互联网和云计算一样，涌现出大量新型增值应用，为每一个物联网应用建立一个完整的运行支撑环境就显得不太经济。这时就会出现专门的物联网应用运营商，他们提供一整套物联网应用托管平台，可以为大量的物联网应用提供一个服务平台，大大降低物联网应用的运行成本。在物联网应用平台上最受关注的应用包括 Smart Grid（智能电网）、Telehealth（远程医疗）、Smart Traffic（智慧交通）和 Smart City（智慧城市）等。比如智能电网是在通信网络基础上通过先进的传感和控制技术实现物理电网的高效和互动的电力供应和增值服务，优化电力资源配置，确保电力供应的安全性、可靠性和经济性。相关 IT 巨头都积极地参与该领域，比如美国的思科公司全面进军物联网的数据传输领域；而 IBM 则更加关注物联网的数据应用和分析领域，尤其是物联网在能源、化工和汽车工业的应用投入更为突出。物联网通过智能感知、识别技术与普适计算、泛在网络的融合应用，被称为继计算机、互联网、云计算和移动互联网之后世界信息产业发展的新浪潮。

以上众多模式提供了归纳经验和知识的机制。IT 架构师需要详细了解模式的内部关系，才能更加有效地对其进行重用，并且要深入了解每个模式所能提供的具体环境要求和模式本身的应用限制。除此之外，IT 架构师还需要熟练掌握和运用当前比较成熟的商业分析与架构设计方法论，下面对基于商业分析的架构设计方法论进行具体介绍。

2.9 架构设计方法论

2.9.1 Zachman 框架

Zachman 框架,全称为企业架构和企业信息系统框架(Zachman Framework for Enterprise Architecture and Information Systems Architecture),该框架是第一个有影响力的企业级框架方法论。它是约翰·扎科曼(John Zachman)在1987年强调信息系统架构对未来企业管理中不可或缺的作用而提出的。目前该框架是国际上最为权威的企业 IT 架构规划模型,20 世纪 90 年代以来已经成功开始指导众多企业的 IT 架构的规划工作。扎科曼本人因此也被誉为"企业架构之父"。扎科曼的论文《信息系统架构框架》至今仍被业界认为是企业架构设计方面最权威的理论。

图 2.10 是 Zachman 总体架构框架图。

		WHAT 数据	HOW 功能	WHERE 网络	WHO 人员	WHEN 时间	WHY 动机
规划者	范围模式	业务事项	业务过程	业务地点	组织	重要事件	目标战略
企业管理者	企业模式	语义模型	过程模型	逻辑模型	工作流模型	总进度表	业务计划
所有者	系统模式	逻辑数据模型	应用架构	系统架构	接口架构	处理结构	业务规则模型
设计者	技术模式	物理数据模型	系统设计	技术架构	界面架构	控制结构	规划设计
构造者	部件模式	数据定义	程序	网络架构	安全架构	时间定义	规则实现
运维者	运维模式	数据	功能	网络	组织	进度	战略

图 2.10 Zachman 总体架构框架图

Zachman 总体框架是一个综合性分类系统,它通过6行×6列的分类矩阵,把企业架构所涉及的基本要素划分成36个单元(Cells),并清楚定义了每个单元中的部件内容、模型、语义和使用方法等。该架构框架的纵向维度反映了 IT 架构的层次关系,从上到下具体包括范围模式、企业模式、系统模式、技术模式、部件模式和运维模式。

(1)范围模式关注的是企业的未来发展方向、业务宗旨和系统的范围边界等问题。范围模式是企业的规划范畴,定义组织方向、目的以及架构工作的边界。

(2)企业模式关注企业的本质和业务发展计划。企业模式是企业的管理范畴,定义组织的具体发展计划。

(3)系统模式关注应用系统架构、逻辑数据模型和业务处理所要完成的功能。系统模式是系统所有者的范畴,以明确应用系统自身的架构和功能模块定义,以及不同应用系统之间的调用关系。

(4)技术模式是通过技术架构和模型来解决企业业务信息的处理。技术模式是系统设计者和项目架构师的范畴,从更加技术的角度诠释系统提供的功能架构和物理数据模型。

(5)部件模式关注部件的具体处理细节,所涉及的部件可以是数据库、存储表空间和网络状况等。部件模式是系统的构建者和实施方的范畴,它定义应该采取怎样的技术手段和系统平台使技术模型更加具体地实施。

(6)运维模式关注系统功能的具体落地和运行维护的实现要求。运维模式是系统的运营和维护人员的范畴,它指导应用系统的部署实施和后期应用系统的运维管理。

与之相对应的,该架构框架的横向维度分别是什么(What)、如何做(How)、地点(Where)、和谁(Who)、时间(When)和为什么(Why),简称 5W1H。为了进一步细化 5W1H 的理念,Zachman 框架分别通过数据(Data)、功能(Function)、网络(Network)、人员(People)、时间(Time)和动机(Motivation)对应回答 What、How、Where、Who、When 和 Why 的问题。值得注意的是,架构框架每一列中的内容是自上向下不断演化和具体的产物,在每一行中的具体模式内容彼此之间保持相互一致和协同的论述观点。

Zachman 架构框架的主要优势是明确地展示了企业架构需要考虑的许多观点和需要研讨的问题范围。应用 Zachman 框架进行企业级的 IT 规划与目前比较流行的 TOGAF 和 IBM 架构解决方案方法论的具体实现步骤及阶段是非常相似的。TOGAF 和 IBM 架构解决方案方法论将在接下来的章节进行具体介绍。下面介绍 Zachman 的参考步骤。

(1)确定企业组织的 IT 架构愿景、目标和实施原则,识别 IT 架构相关需求。

(2) IT 现状描述分析,识别现有 IT 系统在业务支撑上存在的问题。

(3) 目标架构定义,包括企业服务、应用、数据和基础设施架构。

(4) 目标架构和现状的差距及改进点分析,把分析的结果作为具体的 IT 需求输入。

(5) 对 IT 架构的改进点的需求进行优先级排序。

(6) 制订 IT 架构的实施计划,包括向目标 IT 架构迁移的具体实施计划和实施的组织的职责定义。

(7) 制定目标 IT 架构的持续改进计划和确定 IT 架构落地实施后的运维管理机制。

2.9.2 TOGAF

IT 业界有一个开放性的架构体系标准——TOGAF(The Open Group Architecture Framework)。

TOGAF 是一个行业标准的体系架构框架,是由欧共体的 IT 协会 THE OPEN GROUP 为开发企业架构而提供的一个详细的方法和相关支持资源的集合。该协会的会员目前遍布世界各国,主要包括英国国防部等政府部门,以及 IBM、惠普、波音、日立和金蝶等企业。TOGAF 自 1995 年发行第 1 版开始,截至 2009 年已经成功推出第 9 版,目前 TOGAFv9.2 为最新版。由于 TOGAF 是一个跨行业的、开放的免费架构框架,因此在全球得到了广泛的使用。

TOGAF 可以被企业或 IT 服务提供商用于指导完成符合自身的架构提供参照标准。20 世纪 90 年代中期以来,TOGAF 作为架构标准一直在发展,有助于系统架构的接受、改进和重用。TOGAF 包含其架构开发方法(Architecture Development Method,ADM)和架构资源库,其中 ADM 与本书服务战略的需求管理章节中提及的 IBM 架构解决方案方法论有着异曲同工之妙,它们都是对架构设计生命周期的阐述。目前 IBM 公司内部认证的架构师和 TOGAF 认证的架构师是可以相互承认的,这一点更能证明两个组织的架构设计方法论彼此的相关性。

TOGAF 的 ADM 架构图如图 2.11 所示。

第2章 架构管理与工具实践

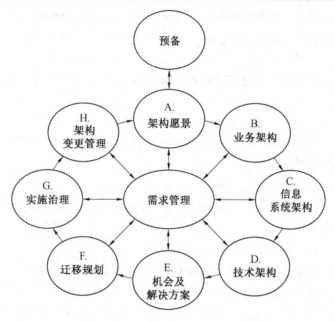

图 2.11 TOGAF 的 ADM 架构图

ADM 是一个开放的、行业公认的、可靠的、用于开发满足业务需要的企业架构开发方法，提供企业获得具体架构体系结构的方法论。该体系架构的方法论阐述架构开发的九个阶段，各阶段的详细描述如下。

(1) 预备阶段(Preliminary)。

即架构框架初始化的过程。一个架构框架是一个工具包，可以用于开发范围广泛的不同架构。ADM 的预备阶段提供了架构设计的起点。这个阶段需要准备的工作包括了解业务环境、获得高级管理层的承诺、确定需求范围、确立架构设计原则和方法、明确企业当前的 IT 治理结构。

(2) 阶段 A：架构愿景(Architecture Vision)。

创建架构愿景，验证系统上下文(System Context)，创建架构工作说明书(Statement of Work)。启动一个架构过程的迭代，设置架构周期中每次迭代的工作范围、期望和可能的限制等内容。

(3) 阶段 B：业务架构(Business Architecture)。

阐述业务的组织结构和组织如何满足业务目标。业务的基本组织信息包括业务所对应的业务流程和人员信息，以及业务流程、人员和系统上下文之间的关系。

(4) 阶段 C：信息系统架构 (Information Systems Architecture)。

说明 IT 系统如何满足企业的业务目标，确定数据和应用架构的优先级以及信息处理决策等。

(5) 阶段 D：技术架构 (Technology Architecture)。

细化 IT 系统的技术部署方案，方案中应包括 IT 系统落地到生产环境的硬件设备容量和网络环境的访问控制要求。

(6) 阶段 E：机会及解决方案 (Opportunities and Solutions)。

初步实施计划，确定主要的实施项目和项目的优先级。决定项目中软件的选择途径是购买、外包，还是自主开发。

(7) 阶段 F：迁移规划 (Migration Planning)。

确定项目履行的成本效益分析和风险评估，开发详细的实施和迁移计划。

(8) 阶段 G：实施治理 (Implementation Governance)。

提供实施的架构监督，定义实施项目的架构约束和限制，检测实施工作的符合性，实现商业价值。

(9) 阶段 H：架构变更管理 (Architecture Change Management)。

提供持续的监测和变更管理流程，确保架构的变更遵循既定的变更管理流程。监测业务的容量需要，提供敏捷的架构，满足动态的业务需要。

以上架构开发的九个阶段阐述的是整个架构开发的生命周期，而生命周期的源头就是需求管理流程。所有的阶段都是围绕需求管理展开的，即通过每个阶段逐步验证业务需求。需求管理流程是 ADM 方法论的核心，解决需求的识别、保管和交付。

2.9.3 IBM 架构设计方法论

IBM 公司的架构师在架构设计过程中会遵循 IBM 内部的架构设计方法论，图 2.12 是 IBM 架构设计方法论的框架图例。我们可以认为，IBM 的方法论是 TOGAF 更加具体的落地方式或基于 TOGAF 实践的落地实践。

图 2.12　IBM 架构设计方法论

该方法论强调实现客户价值的具体环节如下。

(1) 理解客户的业务和需要(Understand Client's Business and Needs)。

具体的理解范围包括客户的业务发展方向(Business Direction)、当前组织结构(Current Organization Description)、当前 IT 环境(Current IT Environment)和标准约定(Compliance Standards)。

(2) 探索方案和方法(Explore Options and Approach)。

方案和方法包括项目定义(Project Definition)、系统上下文(System Context)、主题模型(Subject Area Model)、功能性需求列表(Functional Requirement Matrix)、非功能性需求(Non Functional Requirement)、用例图(Use Case Diagram)、架构决策(Architectural Decisions)和可行性评估(Viability Assessment)。

(3) 开发并与客户确认解决方案(Develop and Agree to Client Solution)。

解决方案包括应用架构概况图(Architecture Overview Diagram)、架构部件(组件)模型图(Component Model)和系统运行部署图(Operational Model)。

架构概况图是提供目前系统要实现的总体架构或开发的应用软件的功能范围等。架构概况图可以用作与所有项目相关方进行沟通的良好依据。大家都基于同一个方案架构来讨论和解决问题,可以统一项目相关方对项目解决方案的认识,使用架构概况图在加快项目实施过程的同时起到了降低方案风险和项目成本的作用。

架构部件(组件)模型图是描述架构中每一个部件或组件的准确职责范围、内部的部件或组件规范、逻辑结构和功能实现细节,以及与其他部件内在和外在的接口关系。这种部件或组件关系可以包括部件或组件的接口定义、技术的相互依赖与限制、部件或组件之间的交互或协同工作要求等。架构部件(组件)模型图具体表现形式可以是 UML 的时序图、类图、合作图和状态图等。

系统运行部署图提供宏观的系统逻辑或物理的运行架构,帮助理解整体系统是如何满足业务需求的。在具体的系统运行部署图中,阐述支持系统功能上线安装的软件和硬件产品的选型。比如,系统是如何部署和物理连接的,系统的非功能性需求是如何满足的,等等。系统的运行部署图是系统的需求和技术实施方案之间的桥梁。

(4) 执行客户的解决方案(Implement Client Solution)。

应用项目管理的最佳实践,确保解决方案落地成功。

(5) 确认客户的价值的体现(Confirm Client Value and Experience)。

确保客户的价值能够达成,并创造新的可能的商业机会。

2.9.4 通用架构设计框架

系统架构的目标是解决利益相关者的关注点,因此在做架构设计之前,架构师的首要任务是尽最大可能找出所有利益相关者。具体的利益相关者可以是业务方、产品经理、客户/用户、开发经理、项目经理、开发工程师、测试人员、产品运维或运营人员等。架构师要与利益相关者充分沟通,深入理解他们的关注点或痛点,通过架构解决方案予以解决。通用的架构设计理论会通过视图和视点的概念来诠释不同的关注点。

视图和视点是架构设计的关键概念,也是通用架构设计框架的核心内容。以下是关于视图和视点的理解:

视图(View):架构设计交付过程中,利益相关者看到的内容,即具体的架构在制品。

视点(View Point):站在利益者角度的具体关切,比如系统或组件的可用性和安全性等,这些都是运维团队很关注的。

一个架构描述是通过一个或多个视图组成的,一个视图代表的是用于设计的系统实体在某个特定方面的简化架构展示。一个视图符合一个视点,视点是用于构建视图的常规关切点。可以利用视点确定视图的目标,明确特定用户的需要和技术分析细节。通过视图和视点的独特视角对系统架构进行分解可以有效地管理系统的复杂性,并且针对特定方面的具体架构和利益相关方(如客户)进行进一步交流。这些都是视图和视点存在的意义。

视点一般分为基础视点和交叉视点。

基础视点包括需求视点、功能视点、部署视点和验证视点。需求视点的目的是形成系统需求的说明要点，一般需求要点包括系统的功能性需求、非功能性需求（系统质量的要求）和系统约束条件等。需求视点的要求与本书第 1 章提到的需求规格说明书的要求是一致的。功能视点的目的是关注系统功能型的元素，如系统部件（组件）描述、部件（组件）间的关系和行为活动等，可以用架构部件（组件）模型图表示。部署视点的目的是关注系统具体部署的元素，如系统的部署节点、设备选型和设备节点之间的安全访问关系等，可以用系统运行部署图表示。验证视点的目的是为确保系统提供必需的功能、展示非功能或质量的满足和适应预先定义的约束条件提供一个说明。

交叉视点更多的是对系统的非功能性需求进行详细视点划分，通常包括应用视点、基础设施视点、系统管理视点、可用性视点、性能视点和安全性视点。应用视点的目的是关注提供解决方案中特定的应用行为，即系统必须提供以满足其业务需求的行为，具体由使用系统的业务部门提出。基础设施视点的目的是关注支撑应用行为的基础设施的能力满足，包括服务器处理能力、存储容量和网络带宽等要求的满足。系统管理视点的目的是关注系统部署到生产环境后有助于操作运行的架构元素的要求，如在系统的部署节点提供监控代理的服务，以满足系统故障发生时监控告警的需要。可用性视点、性能视点和安全性视点都可以归纳为系统服务级别指标的设定或设计范畴，比如系统要遵循的可用性级别（如99.99%）、系统的性能要求（如操作的响应时间在 1 秒以内）和系统需要遵循生产环境的安全策略等。

图 2.13 列出各种视点的架构描述框架。框架中每个视点的描述应包括下列条目：

（1）描述：该视点的概要描述。
（2）利益相关者关注点：该视点处理的利益相关者的关注点。
（3）利益相关者：该视点处理的利益相关者。
（4）工作产品：由该视点定义的视图所引用的工作产品。
（5）技术要素（可选）：应用该视点时引用的技术要素。
（6）举例说明：一个或多个例子。
（7）检查列表：当需要检验和确认架构或与利益相关者一起复审架构时可以考虑的一个或多个问题。

	基础视点			
	需求视点	功能性视点	部署视点	验证视点
应用视点				
基础设施视点				
系统管理视点				
可用性视点				
性能视点				
安全性视点				

（交叉视点）

图 2.13　架构描述框架

架构师在做架构设计时可以通过对架构描述框架进行必要填充来分解架构设计的关注点和工作产品，实现架构的最终交付设计。

2.9.5　敏捷开发方案设计

无论是 Zachman 框架、TOGAF、IBM 架构设计方法论，还是通用架构设计框架，更多的是针对上到战略下到运营的一体化通盘考虑，其中不乏设计管控和过程文档的细节要求。随着移动互联网对传统行业的冲击，软件业越来越多的人认同"小步快走，不断试错"的设计和开发理念。由此可见，以快速迭代模式为代表的敏捷开发是服务设计方法论中不可小觑的分支体系，也是特别需要理解和关注的。

敏捷开发强调个体交互、客户合作和快速响应变化，通过尽早地、持续地交付有价值的软件来达成客户的满意度。软件的交付是采取迭代的方式，每次交付的间隔可以从几个星期到几个月。在整个项目开发期间，业务需求人员和开发人员必须天天都在一起工作，通过站立会、反思会和面对面的交谈等方式开展有效沟通。

迭代的需要来自软件的不确定原则（Uncertainty Principle），在软件项目和过程中不确定成为必然。不确定性主要来自动态的需求变化，这也预示着在执行敏捷开发的过程中不可能严格遵循预见性计划（Predictive Planning），还需要考虑自适应的计划（Adaptive Planning)，即计划的详细程度和相关约定要更轻量、更灵活。资深计算机科学家、计算机架构师弗雷德里克·布鲁克斯有一个著名的论断，那就是软件开发中"No Silver Bullet（没有银弹）"，他还对迭代开发的实践和效果上提出了肯定。

　　一个实用的敏捷开发的需求收集技巧是用纸、笔、简易便签等在墙上做出软件界面的原型以及相关的导航模型。对于需求或者架构设计，一个快速并支持协作的技巧是团队轮流编写(Rotation Writing)。几个人围坐成一个圈，每人有一台笔记本电脑。每过5分钟或10分钟，他们依据最近的主题(需求或任务)写下一些注释。然后将自己的电脑传递给邻座的人，这样每个人接到另一台电脑。每个人从审核不熟悉的材料开始，从他们看到的新思路中获取灵感，并予以强化。轮流编写工作一直持续到每个人都在每一台电脑上工作过。会议结束后，安排一个人汇总所有的文档，并且将这些思路进行分组与合并；然后，在第二次会议上，整个团队将共同审核这些思路。这种团队轮流编写的方法被称为静默写作。

　　在敏捷开发中弱化了架构设计环节，软件开发人员可以通过需求分析文档开始代码编写。如何保证软件开发的代码质量呢？敏捷开发强调团队协作精神，并发明了"松结对编程"的方法。该方法提供了一种有别于两个人同时编程的"结对编程"。具体实践包括：软件开发高手与新手一起估算开发任务，在发现由于自身开发能力造成的工作量预测的分歧后，可以约定某个时间点软件开发高手协助新手，以极短的时间解决新手遇到的困难，并每天执行代码审查，确保每一行代码的质量。由于软件开发高手相对于新手更懂业务和技术，在这种情况下软件开发高手就担当了传统开发中的架构设计职能。由此可见，敏捷开发的方案设计相对于传统的架构设计更偏向于设计的自组织，通过开发人员不断的自我修炼来达成。敏捷开发更加关注现在比较流行的(移动)互联网软件，通过激励开发个体产生好的产品。

　　敏捷开发不主张过多的文档书写，但不是没有文档。以下3种文档可以认为是在敏捷开发中是必需的，包括产品订单(Product Backlog)、冲刺订单(Sprint Backlog)和燃尽图(Burn Down Chart)。

　　(1)产品订单类似于传统开发项目中的需求和概要设计文档。产品订单中包括对软件功能性需求和非功能性需求的描述，并将需求拆解成一个个的订单项(Backlog Item)。产品订单是开放的，产品负责人可以随时根据用户需求的变化进行相应的更新。产品订单的每个订单项都包括粗略的估算，通常以天为单位。这个估算可以帮助产品负责人判断进度并调整开发任务的优先级。

（2）冲刺订单类似于传统开发项目中的详细设计文档。冲刺订单描述了在一个迭代或一次冲刺周期内开发团队如何实现一个特定订单项的详细信息。在这里原先产品订单中的订单项被分解为以小时为单位的冲刺订单项（Sprint Backlog Item），每个冲刺订单项的预计完成周期不得超过 16 个小时。超过 16 个小时的冲刺订单项必须被进一步分解直到小于 16 个小时为止。需要注意的是，冲刺订单上的任务不会被硬性分配，而是由团队成员主动认领，这是敏捷开发中提倡团队自我管理的一种体现。

（3）燃尽图类似于传统开发项目中的项目进度表。燃尽图的横坐标为冲刺周期的天数，纵坐标为剩余小时数。若冲刺周期为 22 个工作日（一个自然月），开发团队的规模为 7 人，那么理想情况下冲刺周期第 n 天的剩余小时数为 $(22-n)$ 天×7 人×8 小时/天。开发团队成员通过对比实际剩余小时数和理想剩余小时数会对项目的进度有一个直观的了解。

2.10　典型架构设计方法论案例

下面介绍一些典型架构设计方法论在不同行业的典型案例。

2.10.1　电子商务解决方案

1. 业务和需要的理解

业务发展方向：发展电子商务网络零售，实施"科技转型、智慧电商"战略。网络零售将成为与实体店面并驾齐驱、相互协同的渠道。销售的品类包括家电零售、快速消费品、百货产品、家居产品、娱乐产品和图书等。利用网络和云计算平台便捷的优势，提供一站式的购物体验，实现技术创新、数据研究、仓储配送能力位居世界前列，满足上亿人的在线物质和精神的生活需求。

当前组织结构：组织包括总经理办公室、采购管理中心、市场管理中心、信息技术管理中心、金融产品中心、物流产品中心、财务管理中心和人力资源管理中心等。

当前 IT 环境：商品仓储管理库存系统、订单系统、促销系统、支付系统、BI 系统和价格系统等。这些系统是通过 Web Service 方式实现彼此之间的接口调用的。

标准约定：当前的标准预定文档包括需求规范使用说明书模板、概要设计模板、程序编码规范、系统集成原则和规范、系统测试用例模板和测试报告模板等。

2. 探索方案和方法

项目定义:设计并实现基于多供应商的电子商务系统解决方案,支持类似于淘宝网店对各店铺自行管理商品、价格、库存,自行发起促销活动。确保顾客在网上的商品浏览、咨询、购物、支付、退换货过程中有良好的购买体验。建立网上销售系统,为合作伙伴提供商品销售平台。分析并解决建立网店所涉及的商品、店铺、价格、库存、订单和促销等多个功能模块的技术问题。

电子商务系统上下文图如图2.14所示。

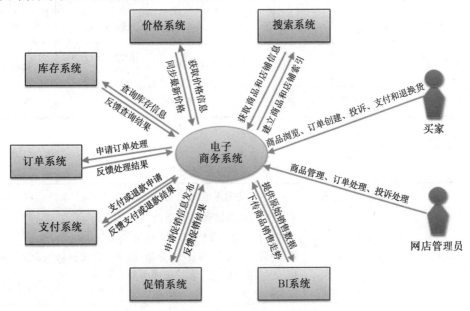

图2.14 电子商务系统上下文图

主题模型:主要是指系统中所涉及的表单实体,也就是通常所说的Entity。该系统主要涉及的Entity见表2.2。

表 2.2 Entity 表单实体信息表

店铺	商品	库存	订单	会员	支付
店铺编码	商品编码	仓库信息	订单信息	基本信息	支付账号
店铺名称	商品目录	库位信息	店铺编码	社交关系	用户信息
供应商编码	商品状态	商品编码	销售渠道	配送方式	证件信息
供应商名称	内容信息	供应商编码	收货方	联系地址	邮箱信息
店铺服务区域	关联的店铺	商品入库批次	收货地址	支付账号	手机绑定
店铺售后服务	促销买点	可卖库存	订单发票信息	优惠券账号	安全保护问题
店铺信用等级	售后服务	锁定库存	商品编码	积分账户会员等级信息	登录密码
		库存更新流水			支付流水

功能性需求列表见表 2.3。

表 2.3 功能性需求列表

序号	功能性需求名称	功能需求描述	备注说明
FR001	店铺展示	提供标准店铺和装修店铺两种模式。标准店铺展示新品、热销、推荐商品,以及店铺名称、介绍、信用、促销活动信息。装修店铺由商家自行排版	需要排版的定制开发

续表2.3

序号	功能性需求名称	功能需求描述	备注说明
FR002	商品浏览	商品浏览及搜索页面应显示最低价格的商品 商品明细页应给出销售此商品的其他商家列表,列表中包括价格和配送费用信息 客户可以由单个商品切换到此商品的所有商家列表,查看在售商家商品价格、库存、促销、时效以及商家服务信息、商家信用信息,允许顾客自主排序和筛选	需要商家信息排序规则的自由化定制
FR003	商品评价、咨询和投诉	客户可以在商品页面向商家提出咨询问题 已购买商品的客户可以对购买商品的体验进行评分,评分的范围包括商品与描述是否相符、送货速度、卖家服务态度、配送服务态度、安装服务态度和商品包装等 客户还可以发起投诉,专业客服介入投诉过程,督促商家进行投诉的有效处理和回复	需要流程的定制开发
FR004	商品价格	商家可自行配置商品的销售价、促销价和生效/失效时间	
FR005	购物车	需要在购物车中按照店铺对商品进行分组展示,展示的内容包括各商家的运费、促销价格和配送方式等	

续表2.3

序号	功能性需求名称	功能需求描述	备注说明
FR006	订单支付	到货确认后,商家在客户确认后才收到货款。后台需在客户确认后触发分账过程	
FR007	客服	客服人员应可以查询店铺信息和订单状态,处理店铺投诉和退换货请求	

注:FR 是 Functional Requirement 的缩写,表示功能性需求

非功能性需求列表见表2.4。

表2.4 非功能性需求列表

序号	需求名称	需求详细
NFR001	安全性	网络的不同区域之间必须使用防火墙进行隔离 从网络、操作系统和应用软件层面实现用户认证管理;阻止SQL注入、跨站脚本攻击等常见的网站攻击行为;通过专业安全软件如 AppScan 的白盒和黑盒测试 保存应用核心操作如登录、取消订单的审计日志
NFR002	易用性	应保证前台用户和业务用户的操作简单、界面易学习
NFR003	高可靠性	要保证订单和支付等数据准确无误地被转换和保存 在与其他系统交互时,要保证数据不丢失、不重复、完整无误地进行交换

续表2.4

序号	需求名称	需求详细
NFR004	响应时间	商品浏览等基础页面的响应时间不超过1秒 订单操作等非浏览类页面的响应时间不超过3秒
NFR005	业务容量	系统应当可以支持用户每小时访问1亿个页面 同时可以支持10万条订单的创建
NFR006	高可用性	系统的网络架构、中间件服务器、数据库服务器和存储设备都应当实现高可用性方案,消除单点故障
NFR007	可扩展性	通过简单地增加物理或虚拟处理节点来支持更高的业务容量要求,类似Google的Hadoop架构
NFR008	数据存储量	预分配5 TB存储空间支持未来3年的数据存储需求
NFR009	在线用户数	500万人
NFR010	并发用户数	25万人
NFR011	数据库备份	数据库每日必须执行一次全备 由于数据库备份时对网站的性能影响较大,必须在凌晨1时以后执行,3小时之内完成备份

注:NFR是Non-Functional Requirement的缩写,表示非功能性需求

电子商务系统用例图如图2.15所示。

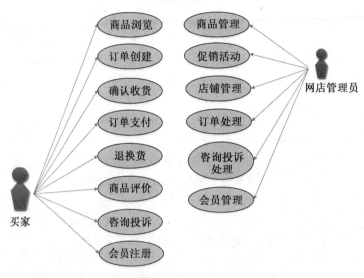

图 2.15 电子商务系统用例图

架构决策表见表 2.5。

表 2.5 架构决策表

决策主题	商品价格信息获取方式	编号：AD01
问题描述	与电子商务系统有接口的价格系统尚不具备完整的价格缓存管理、价格图片生成等高级功能，只有价格查询功能。电子商务系统的商品价格可以采取调用价格系统 API 接口的方式实时查询并获得商品的价格信息，也可以采取由价格系统批量推送的方式	
前提与假设	价格系统的价格管理功能按时开发完成 价格系统无法在电子商务系统上线前完成图片处理功能 年商品销售额达到 1 000 万元以上	
决策考虑因素	最小化系统总体压力和确保价格显示的准确性	

续表2.5

决策主题	商品价格信息获取方式	编号:AD01
可选方案	方案1:电子商务系统实时查询商品价格,不在电子商务系统本地保存价格数据。价格的缓存更新、图片生成由价格系统触发推送到电子商务系统的价格缓存和价格图片服务器 方案2:价格系统批量推送价格,电子商务系统本地保存价格数据,价格的缓存更新、图片生成由电子商务系统获得更新的价格数据后批量执行	
决策分析	方案1: 优点:数据没有冗余,全部价格数据以价格系统为准 缺点:实时查询价格对价格系统的压力较大。尤其大促销时段,可能造成缓存频繁更新,系统总体压力上升 方案2: 优点:电子商务系统本地也有价格数据,不需要实时查询价格系统,系统总体压力较小 缺点:数据冗余,价格数据在两个系统中都存在。由于价格系统批量推送数据给电子商务系统,商品供应商更新的价格不能实时生效	
选择方案	结论:与客户一致认为确保电子商务系统的总体压力较低更为重要,尤其大促销时性能压力大,应采取较为安全稳妥的方案,所以选择方案2。对于商品供应商的价格更新不能实时生效的问题,可以通过与供应商沟通,要求供应商提前输入价格数据的方式解决	

可行性评估表见表2.6。

表2.6 可行性评估表

风险参考	风险描述	可能性	影响面	缓解措施	检查日期
性能压力	来源于其他接口系统的数据过于庞大,大量数据同步将对系统性能产生较大压力	高	高	采用集群部署方式增强系统的处理能力和可扩展性 通过建立多分区的数据库表或分库存放订单相关信息	设计阶段
退款时效要求	退款要求实时到账,到账时间在1分钟内。但整个退款过程涉及多个系统的集成处理,过程较复杂,可能无法达到要求的时效	中	中	搭建原型,进行性能测试,如果无法达到性能目标,需找出瓶颈环节进行专门优化	原型验证阶段

3. 开发并与客户确认解决方案

电子商务系统应用架构概况图如图2.16所示。

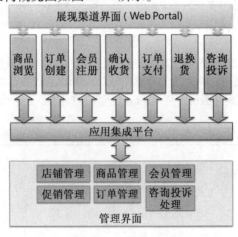

图2.16 电子商务系统应用架构概况图

架构部件(组件)模型图:这里主要对组件模型图的一种表现形式——时序图进行举例。顾客收货和退货时序图如图 2.17 所示。

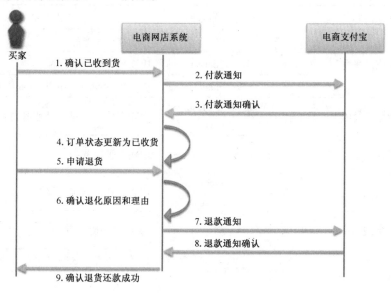

图 2.17 顾客收货和退货时序图

系统运行部署图如图 2.18 所示。

图 2.18 系统运行部署图

系统运行部署图所涉及的设备造型列表见表2.7。

表2.7 设备选型列表

需求内容	单位	软件产品名称	产品描述
基础应用平台	1套	DB2	IBM 数据库产品
	4套	HTTP Server	IBM Web 服务器产品
	2套	WebSphere	IBM WebSphere Application 中间件产品
企业服务总线	1套	WebSphere Message Broker	IBM 支持 ESB 的企业服务总线产品
电子商务系统	1套	WebSphere Commerce	IBM 电子商务产品
缓存数据存取	1套	IBM WebSphere eXtreme Scale	IBM 高速数据缓存服务产品
访问负载均衡	2套	F5	F5 负载均衡设备
安全接入和管控	1套	WebSeal	IBM 单点登录 SSO 服务的认证网关产品
	1套	TAM	IBM Tivoli Access Manager 统一接入认证产品
	1套	页面防护软件	提供网页防篡改服务的产品
	1套	IPS	提供入侵防护的网络产品

2.10.2 医院商业智能解决方案

1. 业务和需要的理解

客户背景：该医院是一所集医疗、教学、科研、康复、保健于一体的大型综合性医院，为全国首批三级甲等医院的示范医院，是我国高等医药临床教育、医疗和科研重要基地之一，也是全国技术力量最雄厚的医院之一。

业务发展方向：成为国内一流、国际先进的医院，成为地区性的医疗中心。

发展愿景:提高医院运营管理水平,对质量、效率、成本和资源配置等要素实现精细化管理;做大做强,提高社会服务能力;提高疾病诊治能力,提高学术水平。突出医院特色,提高医院临床疗效,扩大医院优势技术的影响力;建立医药教育模式,提高培养医药高级临床人才的能力;提高临床和基础科研实力,承担国家重大科研项目。

当前组织架构:组织包括院长办公室、主管医疗办公室、主管人事办公室、医务处、药剂处、医保处、人事处、财务处和网络科等。

当前 IT 环境:医疗管理信息系统、门诊支持系统、移动医疗系统、财务管理系统、外科检查系统、医疗保险系统、人力资源管理系统和门户系统等。这些系统的数据主要存在 Oracle 和 SQL Server 中。

标准约定:当前的标准预定文档包括卫生部的《三甲医院评审标准》、电子病历评级、卫生部办公厅关于印发的《电子病历系统功能应用水平分级评价方法及标准》、国际疾病分类标准、《医疗机构阳光用药制度实施意见》和《处方点评管理规范》等。

2. 探索方案和方法

项目定义:为实现医院运营管理的精细化提供架构和技术平台,利用现有系统的数据进行医院运营状况的分析监控,以便更好地支持医院的良好运营和科学可持续发展,建立涵盖医院主要应用系统的数据抽取清洗整合方案,定义数据抽取及整合规则,通过定义完整、统一的数据标准,建立和完善标准的统计指标和统计口径,促进医院标准数据集建设,通过数据建模、数据治理、数据清洗等手段持续提高数据质量,为综合数据仓库提供保障。

建立医院综合数据仓库:通过数据抽取清洗整层,收集包括医院运营管理和病人信息等方面的基础数据,并根据运营监控、绩效考核、流程优化的决策支持分析需求,建立相应的企业级数据仓库。

建立个性化、可视化的商业智能展现层:根据各类决策支持分析需求,建立包含固定报表、多维分析、管理仪表盘和专题分析的多种商业智能展现。通过医疗解决方案服务团队的专业服务进行系统规划、需求分析和开发实施,建立面向运营监控、绩效考核、流程优化的医院运营监控体系。

医院商业智能系统上下文如图 2.19 所示。

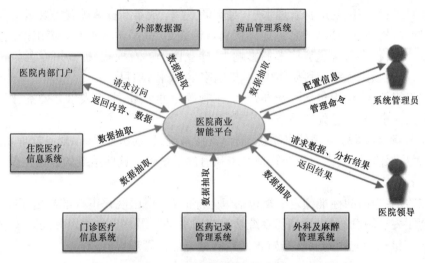

图 2.19 医院商业智能系统上下文

主题模型：该系统主要涉及的 Entity 表单实体信息表见表 2.8。

表 2.8 Entity 表单实体信息表

日常运营监控主题域	阳光用药监察主题域	医保费用监控主题域	科室目标管理主题域
收入	门急诊处方用药	基本医疗费用	科室考核指标（医疗）
业务量	住院用药	超定额情况	科室考核指标（教学）
工作量	门急诊抗菌药物使用	费用结构	科室考核指标（科研）
病人构成	住院抗菌药物使用	费用明细	科室目标
效率	门急诊大处方	超大额病人	目标分解
质量	住院外科清洁手术预防用抗菌药物		科室实际完成情况
中医药特色	住院抗菌药物病原学检查		科室下医生指标完成情况
病人忠诚度	单品种药物使用		指标对应的明细
优势病种	注射药物使用		
	基本目录药物使用		

功能性需求列表见表2.9。

表2.9 功能性需求列表

序号	功能性需求名称	功能需求描述	支撑组件
FR01	医院日常运营监控	提供院长及管理部门所关注的医院门诊、住院、医技等方面指标的日常动态,支持指标的趋势、同比、环比、占比等分析,包括固定报表、多维分析、管理仪表盘、即席查询等多种展现形式,帮助各级管理者快速全面掌握医院运营状况,及时抓住医院运营管控重点	BI工具
FR02	阳光用药监察	形成一套用药监控的指标体系,对医生用药情况进行跟踪监控,从而实现对医院非常态化用药现象的及时发现、提示、预警、纠错和规范,把大处方等问题解决在萌芽状态	BI工具
FR03	医保费用监控	从多个角度分析门诊、住院医保病人费用、费用结构、超额情况等,并对住院医保病人费用进行监控,帮助医院合理控制费用,减少超额,合理分配定额,真正造就医院、病人、医保三方的共赢互利局面	BI工具
FR04	科室目标管理	建立一个合理的科室绩效评估分析管理平台,通过数据分析,为医院管理者提供各个层次的绩效评估服务。医院绩效指标体系的建立采用"目标管理法",即以目标的实现程度作为绩效考核的指标,将医院的目标逐级分解,从全院到科室、专科、小组,最后到员工个人	BI工具
FR05	用户管理	建立BI系统的后台用户管理,包括用户、用户组管理,并能够指定用户管理的院部、科室	BI工具
FR06	用户权限管理	能够对用户、用户组分配权限,控制其允许访问的目录、页签、报表、多维分析、仪表盘等	BI工具
FR07	用户身份验证	用户登录BI系统对用户名、口令进行验证,并允许修改口令	BI工具

续表 2.9

序号	功能性需求名称	功能需求描述	支撑组件
FR08	存量数据抽取清洗转换	将用户归档的多个历史库数据抽取、清洗、转换到数据仓库	ETL 工具
FR09	增量数据同步清洗转换	根据一定的原则,自动获取增量数据,存入暂存库 暂存库中的数据经过校验、清洗、标准化、转换后形成高质量数据,存入数据仓库	ETL 工具
FR10	准实时数据同步清洗转换	根据一定的时间频率,从相关业务系统准实时数据库中汇总数据,存入数据仓库	ETL 工具
FR11	物理的数据仓库存储	数据在抽取、清洗、转换后的存放形式	暂存库 SA 数据仓库 DW 数据集市 DM
FR12	数据访问安全审计查询	对于登录 BI 系统的用户能够记录登录时间、访问内容、访问时间、下线时间等供后台进行安全审计	BI 工具
FR13	系统备份	定期进行 BI 系统备份,包括数据仓库、ETL 任务、BI 系统元数据模型及前端展现	BI 工具 ETL 工具 数据库脚本
FR14	界面整合	BI 系统提供接口供医院内网门户进行调用	BI 工具 外部接口

注:FR 是 Functional Requirement 的缩写,表示功能性需求

非功能性需求列表见表 2.10。

表 2.10 非功能性需求列表

序号	需求分类	需求类型	需求描述
NFR01	服务级别需求(SLRs)	性能	在一般无并发情况下,要求查询在 10 秒内完成;在 20 个以上用户同时在多维立方体中并发进行多维查询的情况下,要求查询在 20 秒内完成(此项测试要求用户的终端和服务器均在同一局域网内)
NFR02	服务级别需求(SLRs)	容量	支持 300 个用户同时登录在线、100 个用户并发查询操作,数据中心数据量大约在 1 TB

续表2.10

序号	需求分类	需求类型	需求描述
NFR03	服务级别需求（SLRs）	可用性	用户使用系统的时间:5 天×8 小时稳定工作 前端用户使用本系统进行数据查询和分析的时间为每周一至周五工作时间,系统需要在这个时间段内提供完整和准确的数据供前端用户使用 数据采集程序执行的周期: 提供灵活的数据采集执行周期设定方式,增量数据同步建议为 1 天,准实时数据同步建议为 15 分钟
NFR04	服务级别需求（SLRs）	可扩展性	系统数据容量的扩展: 随着系统应用时间的延长,堆积在数据仓库中的数据量会越来越大,可以通过增加存储设备或者将一部分数据转移到额外的存储介质的方法进行系统容量的扩展 系统性能的扩展: 当系统用户的数量和数据仓库应用系统的数据量增加的时候,系统不会因此降低性能,如查询反应时间等 系统应用功能的扩展: 能够在相对完善的数据仓库体系和数据仓库模型的基础上,循序渐进地完善前端数据仓库应用 架构设计需要支持至少 5 年的运行扩展
NFR05	服务级别需求（SLRs）	安全性	登录系统需要用户身份验证 可以实现按用户组统一分配数据访问权限,比如要求在添加一张报表后,能够将该报表归类,使得某一类的用户可以看到这张报表,而不是对定义好的每一个用户都要设置一次对这张报表的访问 可以实现报表文件中数据的访问控制,比如科主任只允许看到本科室数据 有后台审计机制,能够记录用户访问的时间、对象等 关键数据安全:确保系统敏感数据的安全

续表 2.10

序号	需求分类	需求类型	需求描述
NFR06	非运行时需求	可维护性	对 ETL 程序提供简单直观的管理维护界面和错误报告体系 对数据仓库模型和数据仓库数据管理引擎提供完善的管理界面和简单易行的管理方法 对数据仓库业务元数据的管理提供有效的管理方法 对每日调度执行情况提供直观、清楚的日志报告,方便监控、诊断 提供详细的系统运维方法、步骤以及常见问题的解决方法文档
NFR07	系统约束	技术标准	数据仓库中需使用标准化的数据字典及分级标准,如 ICD 诊断、手术及操作、中医诊断、中医证型等

注:NFR 是 Non-Functional Requirement 的缩写,表示非功能性需求

医院商业智能系统用例图如图 2.20 所示。

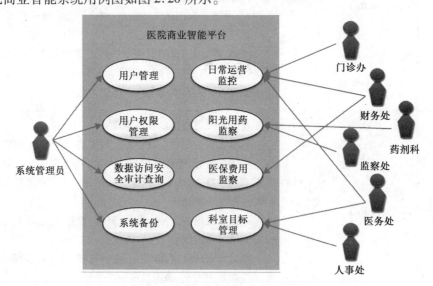

图 2.20 医院商业智能系统用例图

架构决策表见表 2.11 和表 2.12。

表 2.11 架构决策表 1

决策主题	数据集成	编号:AD01
问题描述	如何与现有医院的系统进行数据整合	
前提与假设	现有的需要进行集成的医院应用系统的数据库及表可以被访问 系统不需要实现严格的实时性 为了降低交付的复杂程度,将采取一种数据集成的方式	
可选方案	方案 1:使用基于 ETL 的解决方案进行数据整合 方案 2:使用基于 EAI 的解决方案进行数据整合 方案 3:使用基于 EII 的解决方案进行数据整合 方案 4:使用基于数据复制的解决方案进行数据整合	
决策分析	方案 1:在许多业务分析类项目的实施中都采用 ETL 的方式,对于批量数据整合,ETL 是最成熟的解决方案 方案 2:现有的部分系统无法提供服务接口,所以基于 EAI 的方式进行整合的工作量将会比较大 方案 3:基于 EII 的方案可以为不同的数据源提供统一的数据集成层,但数据转换的工作量比较大 方案 4:数据复制的方式可以实现实时的数据库复制,但数据的转换需要较大的工作量	
选择方案	系统将使用 ETL 作为数据集成的方式,即方案 1 进行数据整合	

表 2.12 架构决策表 2

决策主题	数据集成	编号:AD02
问题描述	如何构建系统的数据模型,包括如何构建用于支撑医院业务分析的数据仓库模型和数据集市模型	
前提与假设	跨应用系统的共享数据字典可以相互映射	
可选方案	方案 1:首先构建集成的数据仓库模型,然后基于其构建支撑医院业务分析的数据集市模型 方案 2:直接构建不同的数据集市模型来支撑个别指定的业务分析模块	

续表 2.12

决策主题	数据集成	编号:AD02
决策分析	方案 1：部分数据分析模型可采用或参考过往在其他商业智能项目交付所积累的资产 方案 2：由于业务分析应用及其相关的 KPI 可能会经常发生变化，所以需要构建一个全面的数据基础层来支撑灵活的业务分析需求	
选择方案	选择方案 1	

可行性评估表见表 2.13。

表 2.13　可行性评估表

风险编号	风险描述	可能性	影响面	缓解措施	检查日期
R01	由于客户已经购买了 IOC 作为其开发和运行环境，因此想在该项目重用这套环境。但是基于 IOC 进行该项目交付将产生许多额外的工作量，并且 IOC 并没有提供所有需要的功能	高	高	让客户采购额外的产品，比如 DataStage 或 Cognos	项目初始阶段
R02	客户希望该项目在 8 个月内完成，但是部分数据质量的清理工作需要依赖于 ISV（第三方独立的服务提供商）的支持，ISV 对其负责的应用系统进行修改	高	高	需要客户让 ISV 根据项目的整体进度给出应用系统修改的进度表，并跟踪确保他们按进度完成工作	项目计划阶段
R03	项目需求并没有被客户方和项目团队达成清晰一致的理解和确认	高	高	编写清晰的需求矩阵说明书，并与客户达成一致	需求分析阶段

续表 2.13

风险编号	风险描述	可能性	影响面	缓解措施	检查日期
R04	为了降低对医院现有应用系统性能的影响,ETL 不能直接在这些应用系统运行时的数据库中运行,但是客户环境并没有非实时的医院应用系统的备份数据库	高	高	需要医院的 IT 部门建立备份数据库,或改造应用系统,将相关数据实时写进业务分析数据库	设计阶段
R05	部分来自不同系统的数据字典的条目无法进行映射匹配,这将对分析的粒度等级产生影响	高	中	需要医院各部门提供映射规则	设计阶段
R06	部分数据字典并没有进行分类分层,这将影响报表的分层维度显示效果及 OLAP 分析功能	高	中	需要医院各部门提供分层分类规则	设计阶段
R07	由于业务数据的快速增长,存储的空间可能将在下期扩容前用完	高	中	优化磁盘的使用率,对分页的大小进行调整 启用 DB2 V9 的压缩功能	实施阶段

3. 开发并与客户确认解决方案

医院商业智能解决平台架构概况图如图 2.21 所示。

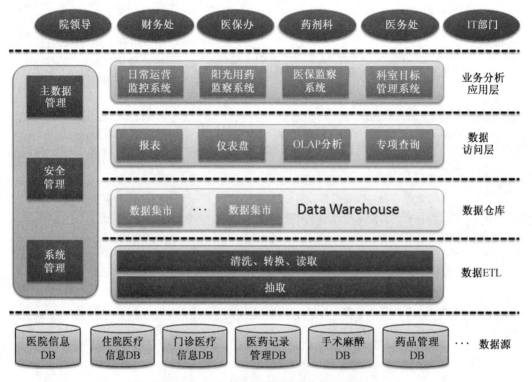

图 2.21 医院商业智能解决平台架构概况图

医院商业智能解决平台架构部件(组件)模型图如图 2.22 所示。

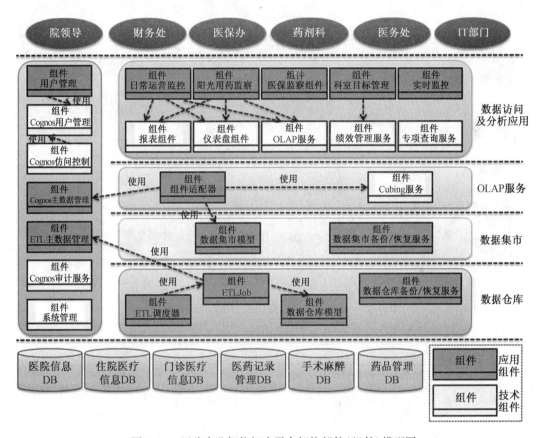

图 2.22　医院商业智能解决平台架构部件(组件)模型图

医院商业智能解决平台系统运行部署图如图 2.23 所示。

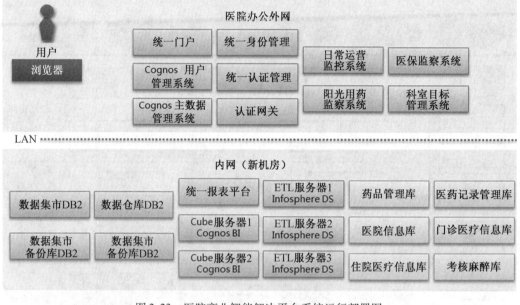

图 2.23　医院商业智能解决平台系统运行部署图

系统运行部署图所涉及的软硬件见表 2.14。

表 2.14　设备选型列表

需求内容	单位	软件产品名称	产品描述
基础应用平台	1 套	DB2 ESE	IBM 数据库产品
统计分析系统	1 套	Cognos BI Reporting	用于搭建商业智能平台的统一报表生成平台产品
	1 套	Cognos BI Metadata	用于搭建主数据平台产品
	1 套	InfoSphere DataStage	用于实现 ETL,实现数据的清洗、转换等工作的产品
访问负载均衡	2 套	F5	F5 负载均衡设备

续表 2.14

需求内容	单位	软件产品名称	产品描述
安全接入和管控	1 套	WebSeal	IBM 单点登录 SSO 服务的认证网关产品
	1 套	TAM	IBM Tivoli Access Manager 用于建设商业智能平台统一身份管理服务
	1 套	TIM	IBM Tivoli Identity Manager 用于建设商业智能平台统一访问管理服务
	1 套	WPS	IBM WebSphere Portal Server 用于搭建商业智能平台门户
数据仓库、ETL 服务器	5 台	IBM X3850	2 台用于部署 InfoSphere DataStage 进行 ETL,3 台用于部署数据仓库

2.10.3 社保应用集成平台解决方案

1. 业务和需要的理解

业务发展方向:随着改革开放的不断深入和发展,各行各业的工作都在围绕迅速提高国民经济这个中心目标向前推进,人力资源和社会保障局的工作和任务也随之发生变化,其不仅仅是人民生活、社会安定的重要保障,同时也是"和谐社会、国富民安"的重要工具。面对公众维权意识、人力资源和社会保障新形势的需求,急需建设"一人一卡一号,同人同省同库"的人力资源和社会保障信息系统,统一社保、劳保服务,集中社保、劳保业务等便民服务。该项目的建设不仅在维护社会和谐和保障人民生活方面具有重要意义,而且在稳定国民经济方面将发挥巨大作用,产生良好的社会效益。

当前组织结构:组织机构包括市民卡管理中心、社保基金管理中心、公务员和事业单位人事管理科、专业技术人员管理科、教育培训与职业能力建设科、劳动关系科和政策法规科等。

当前 IT 环境一览表见表 2.15。

表 2.15 当前 IT 环境一览表

系统类型	系统名称	操作系统	数据库	状态
服务接口	医院联网	AIX	DB2	正在使用
对外服务	网上查询	AIX	DB2	正在使用
对外服务	网上申报	AIX	DB2	正在使用
门户	社保网站	AIX	DB2	正在使用
门户	留学生管理网站	AIX	DB2	正在使用
服务接口	卡系统(对银行)	AIX	DB2	正在使用
对外服务	基金监督	AIX	DB2	正在使用
内部服务	定时服务器	Linux	MySQL	正在使用
业务系统	劳动业务系统	AIX	DB2	正在使用
业务系统	民政业务系统	AIX	DB2	正在使用
服务接口	银联数据文件储存服务	AIX	DB2	正在使用
业务系统	卡业务(核心、对内部分)	AIX	DB2	正在使用
服务接口	内网对外网关	AIX	DB2	正在使用
对外服务	自助终端服务平台	AIX	DB2	正在使用
服务接口	移动代理服务器 MAS	AIX	DB2	正在使用
数据服务	社保、公务员数据库服务器	AIX	DB2	正在使用
业务系统	社保业务系统	AIX	DB2	正在使用
业务系统	公务员业务系统	AIX	DB2	正在使用
数据服务	核心数据库	zLinux	DB2	计划中

标准约定：
《某市关于制定国民经济和社会发展第十二个五年规划的建议》
《某市国民经济和社会发展第十二个五年规划纲要》
《某省卫生事业发展"十二五"规划》

《某省经济体制改革"十二五"规划》
《某省服务业发展"十二五"规划》
《劳动保障行业标准》
《人力资源和社会保障政策法规库分类编码》

2. 探索方案和方法

项目定义:社保数据资源中心项目的建设是在充分运用计算机网络、SOA、BI 等技术的基础上,制定规范的整体架构和标准规范,逐步建立起集社保、劳动、公众服务、内部管理、领导决策于一体的共享信息技术架构。该架构的建设旨在推动系统间横向信息的共享、全面理清,合理调配数据中心资源,提高行政决策能力和执行能力。概括起来,该项目建设目标主要包括以下两个方面:

(1)业务支撑方面。
①为科学决策提供数据支撑。
②进一步推进公众服务水平。
③进一步提升人力资源社会保障服务水平。
(2)技术架构方面。
①建立先进的、集成的技术架构,包括界面集成、应用集成、数据共享。
②制定相关技术标准,规范未来应用的建设。
③培养信息化人员架构技能,建立可持续发展能力。

社保应用集成平台系统上下文如图 2.24 所示。

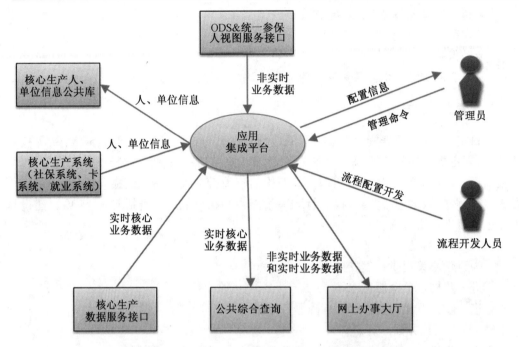

图 2.24 社保应用集成平台系统上下文图

主题模型：主要是指系统中所涉及的表单实体，也就是通常所说的 Entity。该系统主要涉及的 Entity 表单实体信息表见表 2.16。

表 2.16 Entity 表单实体信息表

社会关系	社保征收	社保待遇	财务管理	人事与人才	就业管理
个人信息	养老	养老	个人账户管理	干部调动	就业登记
单位信息	失业	失业	凭证信息管理	工人调动	就业服务
关系转移	工伤	工伤	财务信息管理	积分入户	失业登记
	医疗	医疗	科目信息管理	毕业生管理	补贴资金
	生育	生育		随军家属	
	地税全责征收			档案管理	

续表2.16

社会关系	社保征收	社保待遇	财务管理	人事与人才	就业管理
				退休管理	
				人事代理	
				人才劳务	

功能性需求列表见表2.17。

表2.17 功能性需求列表

序号	功能性需求名称	功能需求描述	备注说明
FR001	个人社保基本信息查询	该模块主要是对参保人的社保基本信息进行查看。业务人员可输入身份证号码或姓名进行查询。其中身份证在用户输入时需检验其正确性,若输入了姓名,可按姓名进行模糊查询	当登录用户为外部用户时,隐藏查询输入项
FR002	单位社保基本信息查询	该模块主要是对单位的社保的基本信息进行查看。业务人员可输入法人代码/单位社保号进行查询,其中法人代码条件为精确查询	若登录的用户为外网用户,则隐藏查询输入项
FR003	工伤申报登记	用户点击"工伤申报登记"时,程序根据用户的身份证来查询符合条件的工商记录。信息记录会以分页的形式显示,针对列表上显示的每一条记录,可进行详细查看	用户也可点击"工伤申报登记"按钮,进行工伤信息的填写,在确认填写信息无误后,点击"保存"按钮

续表 2.17

序号	功能性需求名称	功能需求描述	备注说明
FR004	合同管理	单位用户点击"合同管理"时,程序会查询出申报的批次信息列表。对于列表中"未提交"的记录可进行删除操作,点击记录后面的"编辑"按钮,可对批次下的合同明细记录进行修改、删除操作,点击记录后面的"查看"按钮,可查看批次下的合同明细记录。对于"已提交"的批次记录,只能查看其批次下的合同明细	合同终止可以从单位用户里面进行选择,并且可以通过 Excel 导入
FR005	空岗管理	单位用户点击"空岗管理"时,程序会查询出申报的批次信息列表。对于列表中"未提交"的记录可进行删除操作,点击记录后面的"编辑"按钮,可对批次下的空岗明细记录进行修改、删除操作,点击记录后面的"查看"按钮,可查看批次下的空岗明细记录	对于"已提交"的批次记录,只能查看其批次下的空岗明细。对于空岗的申报,用人单位还可以按 Excel 模板准备好空岗信息进行批量新增
FR006	劳动监察网上申报	单位用户点击"劳动监察申报"时,程序会查询出未提交的记录数,若记录数大于1,则显示信息列表;若小于或等于1,则显示用人单位详细页面;对于显示列表中"未提交"的记录可进行删除操作。点击记录后面的"编辑"按钮,可进行用人单位信息的修改操作	对于"已提交"的记录,只能查看其详细信息。用户确认填写信息无误后,可对相应的记录进行提交

注:FR 是 Functional Requirement 的缩写,表示功能性需求

非功能性需求列表见表 2.18。

第 2 章 架构管理与工具实践

表 2.18 非功能性需求列表

序号	需求名称	需求详细
NFR001	界面	系统界面要求采用与信息中心其他系统统一的风格,遵守信息中心制定的相关界面标准,以样式进行控制。该系统需提供一个全方位的网上办事大厅,使用引导式服务方式提供业务申报、网上查询,实现办事大厅的易操作性。界面最好新颖、人性化
NFR002	性能	系统在处理浏览、查询操作时,要求响应时间快,做到即查即得,响应时间不应超过 2 秒 在处理编辑操作时要有较快的响应,响应时间不应超过 2 秒 对于系统的响应速度,用户要求越快越好。目前由于网络带宽的提高以及计算机性能的提高,这两方面的速度一般不成问题,因此,系统的运行速度主要取决于软件的开发和数据库的存储方式,如算法的优化等
NFR003	精度	系统数据项输入精度应与系统数据库要求一致,在系统设计时要求加入数据校验机制 系统数据完整性根据数据库本身提供的外键约束,采用前台控制提供的约束方式进行数据约束
NFR004	安全	系统数据要求安全保密,通过严格的权限控制体系实现用户的操作权限管理,确保用户在拥有合法的业务操作权限的前提下进行业务操作;用户进行的所有数据操作要保留日志
NFR005	异常处理	系统的异常捕获和处理通过开发技术框架中集成的异常处理模块的已有功能实现
NFR006	数据验证	数据校验,前端(客户端)JS 的验证和后端(服务器控制层端)的 Java 验证相结合,服务器端必须进行数据校验。采用电子政务基础平台基础组件提供的数据校验类和 JS 校验函数,进行数据校验

·99·

续表 2.18

序号	需求名称	需求详细
NFR006	数据验证	对数据的验证主要包括：①数据格式（字符格式、日期格式、整型数格式、浮点数格式等）是否正确；②是否要区分大小写；③值是否为空；④字符是否超长；⑤与业务上下文相关的数据验证。尽可能在前端做好所有的数据合法性验证，出现非法数据时在前端就能检查出来，并给用户友好的提示

注：NFR 是 Non-Functional Requirement 的缩写，表示非功能性需求

网上办事大厅系统用例图如图 2.25 所示。

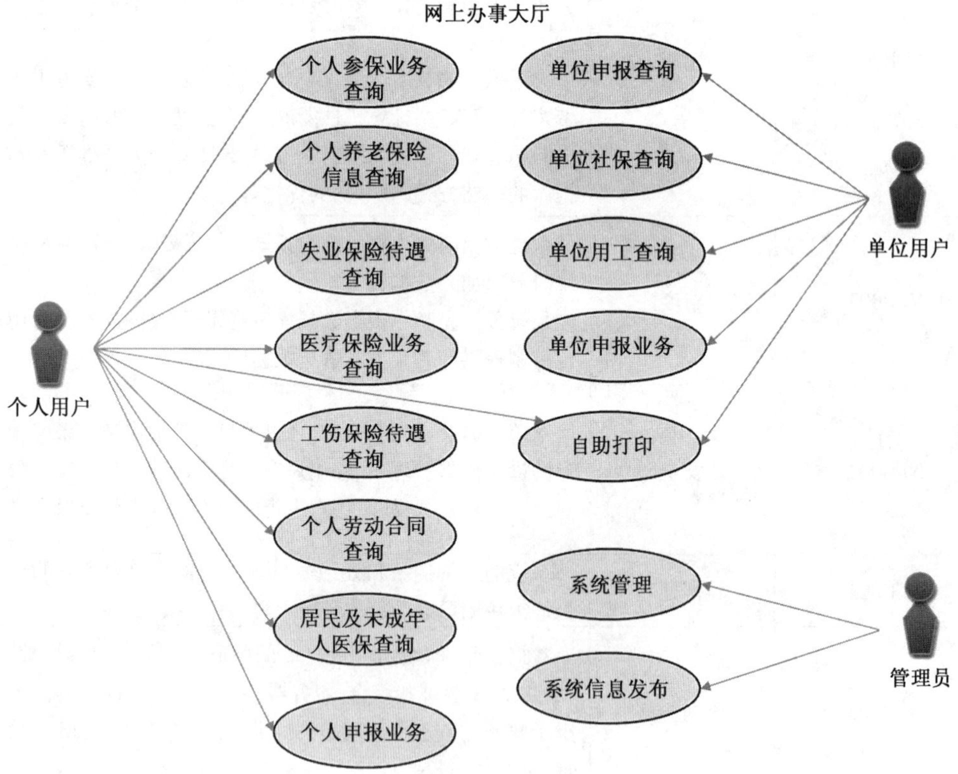

图 2.25 网上办事大厅系统用例图

架构决策表见表 2.19。

表 2.19 架构决策表

决策主题	内部门户单点登录的实现方式	编号：AD01
问题描述	后端的应用系统要实现单点登录，必须与单点登录平台进行集成	
前提与假设	后端应用系统都是 B/S 结构，并提供 Form-base 的登录页面 如果应用系统的登录页面有验证码，可以开发提供无验证码的登录页面	
决策考虑因素	以尽可能减少现有应用的改造方式实现单点登录集成	
可选方案	方案 1： 使用 Form-base 的方式，由 WebSeal 取得用户的 GSO 账号和密码进行代登录动作，应用系统几乎不需要进行任何的修改 方案 2： 使用 HTTP Header 的方式，由 WebSeal 产生一个 token 写在用户所有 HTTP 请求的 Header 中，应用系统识别并验证该 token 后，直接登录系统，而不再需要用户名和密码	
决策分析	方案 1： 优点：只需要对现有的系统进行小量的改动即可接入单点登录，实现内部门户的单点登录 缺点：将来新开发的系统接入的时候，需要在单点登录平台上做比较复杂的配置 方案 2： 优点：将来新开发的系统只要根据单点登录接入标准进行开发，只需要对单点登录平台做简单的配置即可实现单点登录 缺点：涉及复杂的应用系统修改和信任关联机制，并且安全性较差	
选择方案	方案 1 更符合现行项目的成本、实施阶段和技术成熟度的要求，故采用方案 1	

可行性评估表见表 2.20。

表 2.20　可行性评估表

风险参考	风险描述	可能性	影响面	缓解措施	检查日期
数据交互平台性能压力	数据交互平台每日需要对超过 2 TB 的数据进行清洗、加载和转换,可能无法在预期的 5 个小时的时间窗口内完成所有的 ETL 工作	高	高	对每张数据表进行分析,对于数据量比较大或需要进行复杂转换的表格进行增量处理	设计阶段
应用集成平台性能压力	未来将会有更多的系统接入应用集成平台,由于受限于部署应用集成平台的服务器,可能会因请求过多而导致服务接口的响应时间降低,导致应用出现超时出错的问题	低	高	进行压力测试,保证系统在上线后的两年内不出现性能问题,并提出集群部署等方案,规划未来几年应用集成平台的处理能力	测试阶段

3. 开发并与客户确认解决方案

社保应用集成平台系统架构概况图如图 2.26 所示。

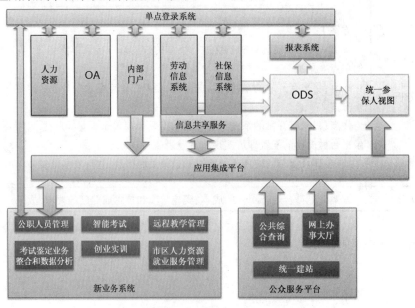

图 2.26　社保应用集成平台系统架构概况图

架构部件(组件)模型图:这里主要对组件模型图的一种表现形式——时序图进行举例。内部门户单点登录时序图如图 2.27 所示。

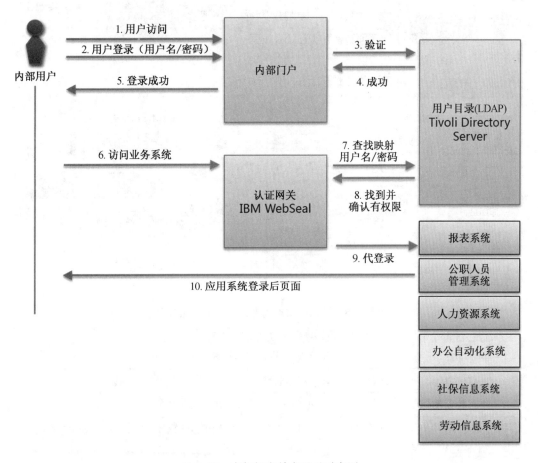

图 2.27　内部门户单点登录时序图

社保应用集成平台系统运行部署图如图 2.28 所示。

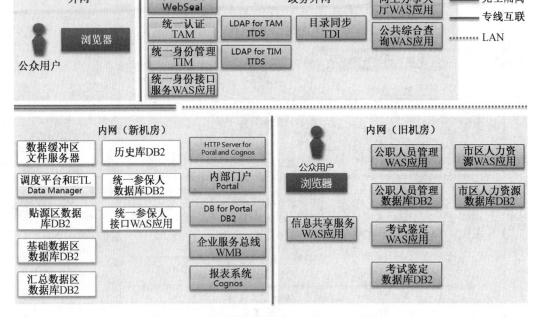

图 2.28　社保应用集成平台系统运行部署图

系统运行部署图所涉及的设备选型列表见表 2.21。

表 2.21　设备选型列表

需求内容	单位	软件产品名称	产品描述
核心数据平台	1 套	DB2 ESE	IBM 数据库产品
ODS 数据交互平台	1 套	Cognos BI Reporting	用于搭建统计分析平台的报表生成产品
	1 套	InfoSphere DataManager	用于实现 ODS 数据交互平台的 ETL,实现数据从核心生产数据库到 ODS 数据仓库的清洗、加载、转换等工作的产品
	1 台	IBM DS8700	用于存放核心数据库、数据仓库及 ODS 数据交互平台

第2章 架构管理与工具实践

续表2.21

需求内容	单位	软件产品名称	产品描述
内部门户及单点登录平台	1套	WebSeal	IBM单点登录SSO服务的认证网关产品
	1套	TAM	IBM Tivoli Access Manager,用于建设商业智能平台统一身份管理服务
	1套	TIM	IBM Tivoli Identity Manager,用于建设商业智能平台统一访问管理服务
	1套	WPS	IBM WebSphere Portal Server,用于搭建商业智能平台门户
应用集成平台	1套	WMB	IBM WebSphere Message Broker,用于搭建应用集成平台的ESB产品
	1台	IBM x3850	用于部署WMB的服务器
核心业务大型机服务器	1台	IBM zEnterprise 114	用于部署核心业务系统的高性能大型机服务器
非核心业务应用	4台	IBM x3850	用于部署其他社保非核心应用的服务器

2.11 典型服务设计案例

下面介绍一些基于服务设计实践的典型方案。

2.11.1 数据中心迁移方案

该项目是国内某大公司的数据中心迁移项目。该公司有几个数据中心,分别设在武汉、成都、北京、深圳和上海五个城市。公司的员工在全国有几万人,他们都使用IBM的Domino邮件应用和自动化办公系统。因此在五个数据中心都安装有Domino邮件服务器,而且在每个数据中心中都有自己的SAN存储设备、网络交换机、服务器和磁带库。五个数据中心以北京的数据中心为最大,并且是完全基于IBM软硬件产品搭建的云计算数据中心。为了降低数据中心的能耗、硬件设备的使用空间和Domino应用服务器的维护成本,该公司决定把除北京数据中心以外的其他四个数据中心的Domino应用和服务器全部迁移到北京的数据中心去。这是一个很典型的数据中心迁移项目。

如果你是该项目的架构师,第一步就要考虑如何通过架构设计的思想来解决公司存在的商业问题。由于该公司的每个数据中心都有重复的设备来支持Domino应用服务,这会使数据中心基础架构的投入和维护成本都非常高。为了解决客户的问题,可以在北京的数据中心升级现有的基于虚拟化的服务器设备、网络带宽和存储能力以支持未来的需要,并把其他数据中心的Domino服务器和相关存储数据迁移到北京数据中心。在服务器和数据的迁移过程中,首先要根据具体的服务器运行环境和商业要求来识别和最终决定哪些服务器和数据可以被迁移到北京数据中心。其次是根据未来迁移的需要和服务能力的要求对北京数据中心的升级设备进行选型。由于目前北京数据中心采用的IBM产品居多,为了实现兼容性管理和节省服务管理差异,该项目的设备选型最终确定为IBM的P系列P570服务器和DS5300的SAN存储产品。在决定迁移的具体办法时,为了降低日后Domino服务器的单节点失败(SPOF)的可能性和灾难恢复的风险,Domino的主服务器应用节点和其备份服务器应用节点要安装到不同的物理服务器上,也就是不同的P570上。为了有效地利用北京数据中心现有的能源和使用空间,对数据迁移要制定详细的迁移步骤并分阶段进行。

下面通过必要的步骤细化架构设计的方法使既定的方案顺利落地。首先可以通过架构概况图来明确架构设计的目的如图2.29所示。

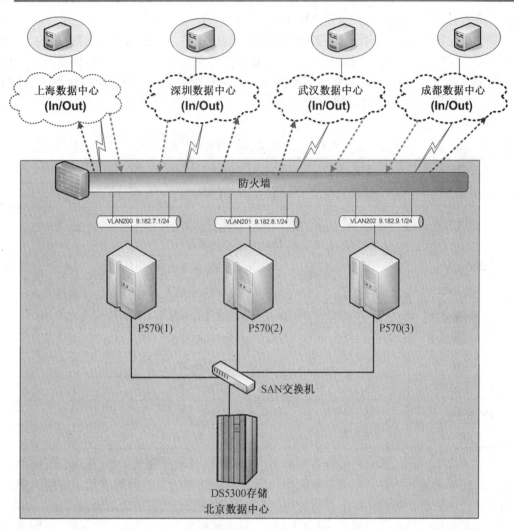

图 2.29 数据迁移项目架构概况图

通过图 2.29 可以很清楚地了解该公司当前数据中心的概况和北京数据中心的基本信息。北京数据中心有三个 P570，它们都是通过一个 SAN 网络交换机连接到后台的 DS5300

ITIL 与 DevOps 服务管理案例实践

存储上进行存储访问和数据备份恢复操作的。

架构概况图只是对架构设计方案的概念性理解，还不足以细化到具体的数据迁移步骤。架构师要继续进行部件级别的设计。首先要知道纳入该数据迁移项目的服务器范围，也就是需要列出要求迁移的 Domino 服务器的列表。系统架构师可以通过与每个数据中心的 IT 服务经理和日常系统维护人员联络，收集服务器的具体列表，该项目所包括的最终 Domino 服务器列表见表 2.22。

表 2.22 迁移的 Domino 服务器列表

服务器名称	操作系统	应用功能描述	位置
D02dbapp01	AIX 5.3	Domino 应用服务器 1	上海
D02dbapp02	AIX 5.3	Domino 应用服务器 2	上海
D02primail01	AIX 5.3	Domino 主邮件服务器 1	上海
D03dbapp01	AIX 6.1	Domino 应用服务器 1	深圳
D03primail01	AIX 6.1	Domino 主邮件服务器 1	深圳
D03bckmail01	AIX 6.1	Domino 备份邮件服务器 1	深圳
D03bckmail02	AIX 6.1	Domino 备份邮件服务器 2	深圳
D04dbapp01	AIX 5.3	Domino 应用服务器 1	武汉
D05dbapp01	AIX 5.3	Domino 应用服务器 1	成都
D05primail01	AIX 5.3	Domino 主邮件服务器 1	成都
D05bckmail01	AIX 5.3	Domino 备份邮件服务器 1	成都

通过表 2.22 可知，在该项目中会有 11 个 Domino 服务器分别从上海、深圳、武汉和成都数据中心迁移到北京的数据中心。系统架构师只了解迁移的服务器列表是不够的，还要了解当前要迁移的服务器的具体配置信息和服务器资源在生产线上的使用情况。比如，IBM P 系列物理服务器自身的处理能力，每个 Domino 服务器所分配的 CPU 个数、CPU 使用率、内存大小、本地硬盘大小、SAN 网络硬盘大小和所对应的 DPAR 情况等。IBM P 系列物理服务器所对应的服务器处理能力可以根据 P 系列服务器的具体类型到 IBM 红皮书官方网站去查 IBM Power Systems Performance Report 获得具体数据。IBM 的红皮书网址是 http://www.redbooks.ibm.com/。

每个 Domino 服务器的 CPU 使用率可以通过 IBM AIX 操作系统中提供的 NMON 工具或客户所在公司的系统监控软件获得。至于每个 Domino 服务器所对应的 CPU 个数、内存大小和 Domino 的 DPAR 分布情况可以通过向各数据中心的服务器管理员和 Domino 系统的维护人员采集得到。下面列出该项目的服务器配置信息见表 2.23。

表 2.23 Domino 服务器的配置信息表

服务器名称	服务器类型	单个CPU的rPerf值	CPU个数	CPU使用率	内存/GB	本地硬盘/GB	SAN网络硬盘	Domino DPAR信息
D02dbapp01	pSeries [9133-55A]	10.15	6	64.57%	16	4 × 73 GB	12×32 GB LUN	D02DB01 D02DB02
D02dbapp02	pSeries [9133-55A]	10.15	2	55.08%	8	4 × 73 GB	12×32 GB LUN	D02DB03 D02DB04
D02primail01	pSeries [9133-55A]	10.15	4	48.27%	8	4 × 73 GB	24×32 GB LUN	D02ML01 D02ML02
D02primail02	pSeries [9133-55A]	10.15	4	44.60%	8	4 × 73 GB	24×32 GB LUN	D02ML03 D02ML04
D02bckmail01	pSeries [9133-55A]	10.15	2	22.57%	4	4 × 73 GB	24×32 GB LUN	D02ML05 D02ML06
D02bckmail02	pSeries [9133-55A]	10.15	2	22.50%	4	4 × 73 GB	24×32 GB LUN	D02ML07 D02ML08
D03dbapp01	pSeries [9133-55A]	10.15	4	59.37%	16	4 × 73 GB	12×32 GB LUN	D03DB01 D03DB02

为了迁移以上 Domino 服务器到北京的数据中心，首先要对目前北京的数据中心进行整体升级。由图 2.9 可知，北京的数据中心有 3 台 P570，它们都连接到一个 SAN 交换机上，SAN 交换机连接到一台 DS5300 的存储上。为了使当前的数据中心具有更多的服务能力，根据客户对此项目的预算最终确定多购买 2 台 P570 来创建更多的逻辑分区（LPAR），从而支持从其他数据中心迁来的 Domino 服务器。购买 2 台 P570 的原因是考虑到要实现对 Domino 服务器的灾难恢复功能，需要把 Domino 主邮件服务器和备份邮件服务器分别创建在不同的 P570 物理机上。另外，还需要多购买一台 SAN 交换机，以便与原来的交换机互为冗余热备份，同时要多购买一台 DS5300 的存储，用它与已有的 DS5300 一起做存储的冗余配置，来承载新迁移过来的 Domino 应用服务器的应用数据信息。

由于迁移的目标物理服务器是 P570,为了计算迁移过来的每台 Domino 应用服务器在新购买的 P570 上需要使用的 CPU 个数,要计算一下每个 P570 所能够提供的服务处理能力情况。一般来讲,一台 P570 有 16 个 CPU,Power 6 的 CPU 频率是 4.2 GHz,可以通过查询 IBM 红皮书官方网站上的 IBM Power Systems Performance Report 得到具有 16 个 CPU 的 P570 的总服务能力(rPerf)为 122.67。计算每个 CPU 服务能力的通常公式是

$$\text{每个 CPU 的 rPerf 值} = (\text{服务器的总 rPerf 值} \times 1.5) / \text{CPU 个数}$$

对于具有 16 个 CPU 的 P570 而言,它的每个 CPU 的 rPerf 值 $= (122.67 \times 1.5)/16 \approx 11.5$。由于未来的 P570 要通过 IBM VIO 服务器进行虚拟化,因此还要计算出每个要迁移过来的 Domino 服务器所需要的虚拟化 CPU 个数,也就是 Virtual Processor(VP)的个数。可以参照如下公式进行计算:

$$\text{VP Entitlement} = \frac{\text{被要求 CPU 的 rPerf 值} \times \text{当前 CPU 的使用率 \%}}{\text{目标物理服务器每个 CPU 的 rPerf 值}}$$

服务器的 VP 相当于服务器所需要的虚拟 CPU 的个数,所以 VP 的值一定是整数。如果以上公式所得出的值是小数,就要按上限取整。

由于执行方案是把 Domino 服务器部署在已经配置为虚拟化的 P570 物理服务器上,因此可以通过 IBM 的硬件管理控制台(Hardware Management Console)对 P570 物理服务器进行虚拟化配置,对 IBM 服务器进行虚拟化所使用的虚拟化技术是 PowerVM 和 IBM VIO Server。在 IBM P570 被硬件管理控制台虚拟化后,对任何一个新创建的 Domino 服务器所在的逻辑分区(LPAR)都要设置它的最小 CPU(Minimum CPU)、期望 CPU(Desired CPU)和最大 CPU(Maximum CPU)。对于最小的 CPU,一般可以设成 0.1 或 0.2;最大的 CPU 可以设成 6 或更多;而期望 CPU 的值一般会设成应用服务器所需要的 VP 的三分之一,具体的公式为

$$\text{期望 CPU(Desired CPU)} = \text{VP Entitlement} / 3$$

以一个 Domino 服务器为例进行说明,比如表 2.22 中列出的客户上海数据中心中需要被迁移的第一台 Domino 邮件服务器 D02dbapp01。通过表 2.23 可以看到该服务器原先有 6 个 CPU,并且对应的单个 CPU 的 rPerf 值为 10.15,它的 CPU 使用率为 64.57%。将具体数据代入以上公式中,得出服务器 D02dbapp01 所对应的 VP Entitlement $= 6 \times 10.15 \times 64.57\% \div 11.5 \approx 3.42$,由于该值不是一个整数,因此要按上限取整,则该服务器所需要的虚拟 CPU 的个数 VP=4。而该服务器所期望 CPU=4/3≈1.33 取 1.4(向上进位)。

以此类推可以计算出所有需要被迁移的 Domino 服务器所对应的 VP、最小 CPU、期望

CPU 和最大 CPU。这样,所有要迁移的 Domino 服务器在目标 P570 上的虚拟化配置要求见表 2.24。

表 2.24　Domino 服务器的虚拟化配置信息表

服务器名称	服务器位置和类型	最小 CPU	期望 CPU	最大 CPU	CPU (VP)	内存 /GB	本地硬盘 /GB	SAN 网络硬盘
D02dbapp01	P570#1 [9117-MMA]	0.2	1.4	6	4	16	2 × 146 GB	3×128 GB LUN
D02dbapp02	P570#2 [9117-MMA]	0.2	0.4	6	1	8	2 × 146 GB	3×128 GB LUN
D02primail01	P570#1 [9117-MMA]	0.2	0.6	6	2	8	2 × 146 GB	6×128 GB LUN
D02primail02	P570#1 [9117-MMA]	0.2	0.6	6	2	8	2 × 146 GB	6×128 GB LUN
D02bckmail01	P570#2 [9117-MMA]	0.2	0.2	6	1	4	2 × 146 GB	6×128 GB LUN
D02bckmail02	P570#2 [9117-MMA]	0.2	0.2	6	1	4	2 × 146 GB	6×128 GB LUN
D03dbapp01	P570#1 [9117-MMA]	0.2	0.7	6	3	16	2 × 146 GB	3×128 GB LUN
D03dbapp02	P570#2 [9117-MMA]	0.2	0.4	6	1	8	2 × 146 GB	3×128 GB LUN
D03primail01	P570#1 [9117-MMA]	0.2	0.5	6	2	8	2 × 146 GB	6×128 GB LUN
D03primail02	P570#1 [9117-MMA]	0.2	0.5	6	2	8	2 × 146 GB	6×128 GB LUN

表 2.24 有如下注意事项:

(1) P570#1 表示新购买的第一台物理服务器。

(2) P570#2 表示新购买的第二台物理服务器。

(3) P570 的本地硬盘是 146 GB。对每个 Domino 服务器的本地硬盘都是 2 个 146 GB 硬盘,通过对两个本地硬盘做镜像来增加 Domino 服务器服务的可用性。

下面通过一个系统运行部署图来阐述迁移的具体步骤,如图 2.30 所示。

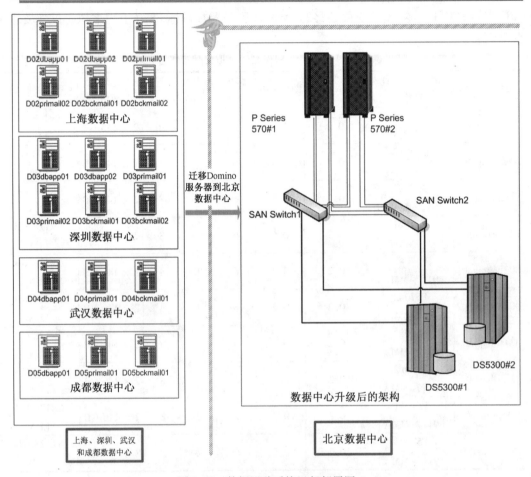

图 2.30　数据迁移系统运行部署图

在图 2.30 中,所有要迁移到北京数据中心的 Domino 服务器都会按照表 2.24 的虚拟化配置要求在两台新购买的 P570 物理服务器上分别创建相应的配置。在 Domino 的迁移过程中,原先服务器上 Domino 的动态逻辑分区(DPAR)所对应的进程将会停止,并且预先在新购买的 P570 上创建好相应的 DPAR,以备数据的迁移之用,更详细的迁移步骤如下:

(1)数据中心维护人员初始化两台新的 P570 并通过 SAN 交换机连接到后台的 DS5300 存储。

(2)操作系统管理员通过 IBM 的硬件控制台(HMC)创建 IBM VIO Server 来实现服务器的虚拟化配置。

(3)存储管理员按照表 2.24 的分配原则分配 SAN 网络硬盘空间给 IBM VIO Server,VIO Server 负责统一支配虚拟存储资源给新创建的 Domino 服务器。

(4)操作系统管理员通过 IBM 的硬件控制台(HMC)在 P570 上创建相应的 Domino 服务器所对应的逻辑分区(LPAR)。

(5)操作系统管理员在新的 Domino 逻辑分区上安装 AIX 操作系统。

(6)Domino 系统管理员在新的 Domino 逻辑分区上为待迁移的 Domino 应用服务器在新的 P570 上安装 Domino 应用软件和 Domino 的动态逻辑分区(DPAR)。

(7)Domino 系统管理员停止原先的 Domino 服务器和 Domino 的动态逻辑分区(DPAR)。

(8)操作系统管理员执行 Domino 数据文件的全备份到 SAN 存储上。

(9)操作系统管理员从原先的 Domino 服务器迁移文件系统到 P570 上新建的 Domino 服务器上,文件系统包括/opt/lotus、/opt/scanmail、/notes 等。

(10)在每个 Domino 动态逻辑分区(DPAR)的 notes.ini 中配置由北京数据中心所提供的新的 IP 地址。

(11)把所有 Domino 服务器和 Domino 的动态逻辑分区(DPAR)对应的 IP 地址注册到 DNS 服务器上。

(12)Domino 系统管理员在新的 Domino 逻辑分区上启动 Domino 服务器和相应 Domino 的动态逻辑分区(DPAR)。

(13)校验新建的北京 Domino 服务器在 P570 的逻辑分区运行正常,并且其上的所有应用可以被 Domino 客户端正常访问。

(14)存储备份管理员在新建的北京 Domino 服务器上安装和配置服务器备份软件的客户端,如 IBM Tivoli Storage Manager Client,使该 Domino 服务器纳入数据中心的备份恢复机制中。

(15)系统监控管理员在新建的北京 Domino 服务器上安装和配置服务器监控软件的客户端,如 IBM Tivoli Monitor Agent,使该 Domino 服务器纳入数据中心系统的监控机制中。

(16)对原先在其他地方的 Domino 服务器上的 notes.ini 进行重命名,从而阻止 Domino 后台进程的自动启动。

(17)对原先的服务器在数据中心中执行服务器的服务退役流程。

(18)对所有需要迁移的 Domino 服务器重复步骤⑥到步骤⑰。

2.11.2 云计算平台集成方案

本项目是搭建一个电信级的私有云计算平台。该云平台是构建一个统一资源管理的基础架构,即服务的私有云平台。基础架构即服务是把基础设备(如服务器、存储、数据库和网络等)集成起来搭建一个 IT 服务能力动态供给和按需分配的平台。云平台是基于虚拟化技术的,也就是业务不需要关注是哪台服务器或数据库提供所需要的服务,云平台会按照业务的需要快速和按需地提供其所需要的虚拟机、数据库和中间件应用。云平台计算资源可以自动地汇聚并提供服务,弹性地为业务提供服务和扩展。因此,云平台具有虚拟化、标准化、自动化和可视化管理等特征,从而降低 IT 管理复杂性和运营成本,全面支持电信业务多变的灵活性和敏捷性的需要。

云平台的建设范围包括服务器资源池、网络安全和存储备份的全盘规划,以期望达到未来支持 1 000 台物理服务器的私有云平台的目的。

在服务器资源池方面,具体的规划原则如下:

(1)资源池按照所属云平台的功能不同进行划分,分为基础设施资源池、业务资源池和数据库资源池。基础设施资源池负责虚拟化管理、云平台管理、存储管理、备份管理、监控管理、Windows 域控、Symantec 防病毒、SMTP 邮件服务、DNS 域名解析、Syslog 日志管理、NTP 时间同步、网页防篡改软件后台管理、VMWare 和 Windows 补丁分发管理。业务资源池分为三个子资源池,即生产环境资源池、验证环境资源池和测试环境资源池,分别安装业务应用的虚拟机。数据库资源池承载 SQL Server、Oracle 单点或 Oracle RAC 集群数据库。

(2)业务资源池中生产环境的服务器和验证环境的服务器类型尽量保持一致的原则。

(3)业务资源池中生产环境、验证环境和测试环境之间不共享物理服务器。

在网络安全方面,建立在数据中心之上的私有云平台,其安全的定义较为明确,即保护该平台信息系统的硬件、软件及相关数据,使之不因为偶然或者恶意侵犯而遭受破坏、更改及泄露,保证信息系统能够连续、可靠、正常地运行。从以下三个方面考虑安全规划:在可用性方面,Radware 和 A10 负载均衡设备实现业务应用的负载均衡,提高应用访问的高可用。在完整性方面,应用网页防篡改软件实现 Web 应用和内容信息的自动自我防护功能。在机密性方面,引用 IPS 网络入侵检测和防护设备,并启用堡垒机实现统一的安全接入和审计管理等功能。图2.31是云计算数据中心架构部件(组件)模型图。

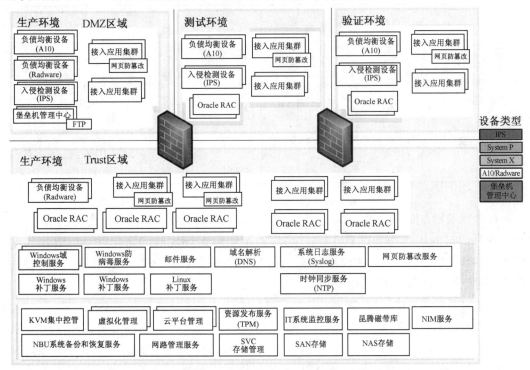

图2.31 云计算数据中心架构部件(组件)模型图

由图2.31可知,在数据中心防火墙上划分不同子端口,将网络划分为不同的区域来分离生产环境(DMZ Zone 和 Trust Zone)、验证环境和测试环境的虚拟机和应用,从而支持业务应用的安全接入访问。在网络IP地址规划上考虑网络地址的两个层次:物理资源的IP地址和业务资源的IP地址。物理资源的IP地址主要是指所有VMWare ESXi服务器的管理IP地址。业务资源的IP地址主要是对数据中心由防火墙隔开的逻辑安全区域(Zone)的业务应用虚拟机的IP地址划分。在防火墙和核心交换机上需要按照业务的需求做必要的ACL访问控制,具体的ACL访问控制表见表2.25。

表 2.25　ACL 访问控制表

应用类型	应用名称	所在虚拟机名称	原虚拟机 IP 地址	原虚拟机子网掩码	原 VLAN 名称	原网络区域（Zone）	目标虚拟机名称	目标虚拟机 IP 地址	目标虚拟机子网掩码	目标 VLAN 名称	目标网络区域（Zone）	网路协议	开放的端口号
											DMZ Trust	TCP	80/443

在存储规划方面，基本的规划原则是生产的数据库应用 FC 磁盘。生产的虚机、测试的数据库和测试的虚机用 SATA 磁盘。生产、验证和测试环境的网络文件系统或仲裁盘用 NAS 上的 SATA 磁盘。并且实现存储和主机的 WWN 映射和安全访问管理，即生产环境的虚拟机所对应的文件系统不能被测试环境主机发现。

除了以上规划工作，云计算平台的搭建过程中涉及很多硬件设备的集成和部署实施，具体的设备包括思科的 N7K 交换机和 ASA5580 防火墙，IBM 的 P 系列服务器和 X3850 服务器，EMC 的 SAN 交换机和 SAN 存储，Radware 和 A10 的负载均衡设备，堡垒机和入侵防护设备（IPS）等。并且安装 Symantec 的 NBU 备份软件提供数据的全备和增量备份。安装 VMWare ESXi 提供虚拟化操作系统的管理，集成云平台管理软件负责云计算资源的审批和快速部署等。

2.11.3　"互联网+"背景下的工业云平台方案

当下随着智能的互联机器在很多制造企业关键生产任务上的广泛应用，人们正在见证信息技术（Information Technology，IT）和生产运营技术（Operation Technology，OT）的融合。互联网管控生产制造设备所带来的一个必然事件就是要应用 IT 领域的概念诸如安全性和数据管理到工业生产应用范畴。通过适当的安全保障，现在可以从装配传感器的机器处分析数据，实现未来商业运营的竞争优势。众多研究表明，产品创新和资产的运营优化引领了大数据分析的潮流。从衡量企业制造的资产性能到制造设备的实时监控维护已经有很多实际案例。为了利用这些机会,企业需要一个融合 IT 的生产运营技术软件平台,这样平台必须提供如下功能:

(1)机器连接性:应用软件平台能够把生产中的机器对机器(M2M)的连接变成可能。由于在不同类型机器之间通信的多样和缺乏通用标准,软件平台应该提供一个抽象层,使应用程序在这个网络化生产环境中无缝地构建不同类型机器的管理引擎。

(2)异构数据的采集和管理:应用软件程序需要访问不同类型的数据,包括结构化、半结构化和非结构化等。软件平台必须可伸缩以处理大量数据并支持针对各种不同类型机器的业务聚合和信息集成。

(3)预测和自我学习:软件平台通过处理大量的机器生产数据,提供预测功能,比如发现机器故障的早期信号、确定设备维护的优先级或者影响生产交付能力的预期需求的转变等。并且具有自我学习的能力,当前获得的经验教训能够驱动下一个最佳行动方案。

(4)直观的用户体验:软件可以提供一个直观的、引人入胜的、以移动手持设备为中心的用户界面用以实时监控和提供主动任务支援,比如及时的机器维护和准确的决策判断等。

(5)安全部署:软件应用平台具备标准化的开发和定制化能力,开发方式可以以开发人员熟悉的、标准的编程接口部署在一个安全的环境中,如云计算数据中心。

该生产运营技术软件平台的成功应用会为使用该软件的企业带来不可估量的投资回报。比如在石油和天然气工业的防喷器。防喷器设备放置在海底用于监测海洋石油,在灾难性的爆裂时作为最后一道防线。在有计划的保养时需要更换机器表面磨损或潜在的有缺陷的零件,这个操作要花费 1 000 万至 1 600 万美元。而运营技术软件平台的优势是可以预测并推荐哪些部分需要更换。基于软件平台所对应的大数据的精准分析,石油和天然气企业可以避免计划外的机器重修,只更换有缺陷的部分。准确、及时的预测可以节省数百万美元的维护成本。

要想实现大数据的精准分析还是有一定的技术难度的,具体可能会有如下挑战:

(1)速度:数据快速地来自大量的智能和互联的机器。

(2)数据量:传感器发射信号接近毫秒间隔,达到 PB 级别。

(3)种类:结果数据和具体运营流程息息相关,可以是结构化、半结构式或非结构化的。

(4)真实性:数据可能有噪声,质量参差不齐。除非企业致力于管理和大力投入来解决这个问题,否则来自数据的结论会被质疑。

在"互联网+"或工业互联网时代,获得和管理这些机器数据是非常复杂的行为,远远超出传统关系型数据库的处理能力。软件应用平台必须提供统一的方法来管理这些机器数据以及与传统数据源的集成。

另外,软件应用平台必须考虑到应用此软件所在组织中各个角色的内在决策和分析的需求。为了满足不同角色的业务需求,软件平台必须支持多种分析技术,比如从传统的报表统计到实时机器监控再到准确的预测或决策支持等。以下是更加详细的分析技术说明:

(1) 性能分析报表:报表用于测量和管理生产性能。计划员需要多维视角结果,目的是在未来的安排和资产投资上进行权衡。

(2) 实时监控和时间处理:监控必须提供实时生产中捕捉到的事件的可见度,分析正在传递的数据并与异构设备通信来采取措施。比如,单一设备或者多设备联合的定位来达到一个结果。

(3) 高级预测分析:通过使用一系列对设备和生产过程的分析技术,挖掘和发现搜索明显事件的弱信号。从机器上捕捉到的大量数据支持未来精准的预测分析。

无论是在家里、工厂或办公室,这些设备是可控的,可以通过移动设备上的应用程序允许用户查看机器的设置和修改这些设置。比如,可以在到家之前通过智能手机上的应用程序控制家里空调开启并调节到适宜的温度。未来机器(或资产)变得愈加智能,成为智能家居或智能制造的一部分,而专业的软件应用平台使之成为现实。

2.11.4　数据中心灾备方案

企业的业务运作对 IT 系统运作的依赖性越来越大,这意味着企业对信息系统运作的稳定性和可靠性的要求越来越高。如果 IT 系统毁坏而长期无法运行,会造成企业营运的重大损失。因此,企业应事先妥善做好规划,能够在平时达到防患于未然的效果,如果不幸发生灾害,也可以降低灾害所带来的损失与风险。一个良好的系统与数据容灾方案的规划与实施将缩短 IT 系统的恢复时间,让关键业务的运行间断很短甚至没有间断,从而极大降低外部灾难所带来的影响与损失。

通常关系到国民经济的行业,如银行、证券、保险和电信等,其业务对信息系统要求有更高的可用性和可靠性,这就对 IT 信息化系统的备份与灾备系统的设计和运行管理模式提出了很高的要求。因此,通过管理和技术提供系统 7×24 小时的高可用性,增强系统抵抗各种风险和灾难能力,保障业务的持续运作,已经成为信息系统建设中必须实现的任务。

行业的核心业务系统通常包括 ERP 系统、办公自动化 OA 系统、邮件系统、财务系统和 IT 服务管理系统等,并且关键业务数据需要进行备份。由于不同业务系统的重要等级不同,通常会对灾难恢复有不同的时间和数据一致性的要求。目前,衡量业务系统连续性的指标有如下两个:

(1) 目标恢复时间(RTO)。

目标恢复时间(Recovery Time Objective,RTO)是指灾难发生后,从 I/T 系统宕机导致业务停顿时刻开始,到 IT 系统恢复至可支持各部门运作、业务恢复运营之时,这之间的时间段称为 RTO。RTO 时间越短,即意味要求在更短的时间内恢复业务至可使用状态。虽然从管理的角度而言,RTO 时间越短越好,同时这也意味着更多成本的投入。灾备项目一般是通过业务影响分析(Business Impact Analysis)的咨询服务,以访谈、问答和咨询的方式最终确定 RTO 的目标值。

(2) 目标恢复点(RPO)。

目标恢复点(Recovery Point Objective,RPO)是指对系统和应用数据而言,要实现能够恢复的数据的时间点和灾难发生时的原先生产数据差多长时间的交易数据。与 RTO 目标不同,RPO 目标的确定不是依赖于企业业务规模,而是取决于企业业务的性质和业务操作对数据的依赖程度。因此,RPO 目标对相同行业的企业而言会有些接近,而对于不同行业的企业来说可能会有较大差距。RPO 目标的确立仍是以咨询的方式,通过与各业务部门主管的交流,了解业务流程与 IT 应用的关系,以及通过回答问卷的方式,确定能够支持该企业核心业务的 RPO 目标值。

图 2.32 是一个同城或异地灾备系统运行部署图。

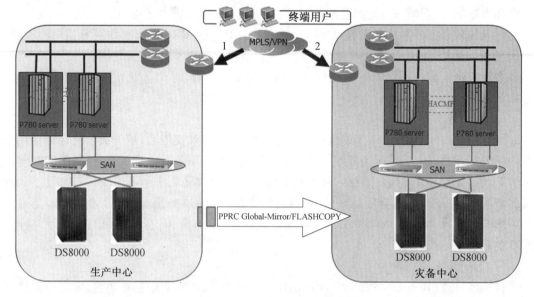

图 2.32 灾备系统运行部署图

灾备中心和生产中心的直线距离在 100 千米之内,生产中心和灾备中心采用 IBM DS8000 的 Peer-to-Peer Remote Copy(PPRC)的复制方式。PPRC 是基于数据级容灾解决方案,它提供点对点存储的指定逻辑卷的远程拷贝。生产中心的 DS8000 和灾备中心的 DS8000 通过光纤链路进行高速数据传输,保证生产中心的重要业务数据能实时同步复制到灾备中心的存储上。

2.11.5　数据中心双活系统方案

双活架构的部署可以保障数据中心现有系统从网络到数据存储无单点硬件故障,并且需要采用的技术成熟性高。保障各业务系统的数据都有双存储冗余保护,并且对系统除硬件设备故障外的逻辑故障建立有效备份和快速恢复机制。图 2.33 是双活系统架构运行部署图。

双活系统的基本框架设计需要考虑从终端网络、核心交换、服务器和数据存储层面实现双活,这样才能保障业务系统整体的双活。各个层面的双活需要通过以下技术和条件来保

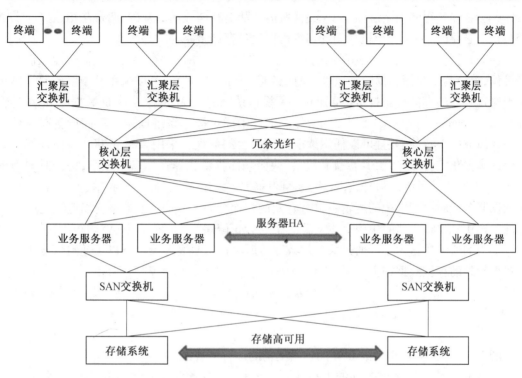

图 2.33 双活系统架构运行部署图

障：

（1）在网络层面，终端接入网络的双活是业务系统双活的保障。要保障业务系统终端到两个以上交换机之间都有独立的网络可以连接。同时，核心交换网络的双活是业务双活的基础，两台核心交换机之间需要采用互为冗余的架构，并且可以自动切换。如果两台核心交换机分别部署在两个机房或数据中心，可以考虑网络二层的打通，即一个 VLAN 可以横跨两个数据中心。思科的 N7K 交换机就有这个功能模块，称为 Overlay Transport Virtualization（OTV）技术。

（2）在服务器层面，采用服务器的高可用集群技术（如 IBM Power HACMP 等）或者数据库的高可用技术（如 Oracle RAC 等）来保障服务器在单台故障时可以切换到另外一台服务器，实现双服务器同时工作，单台设备故障时自动切换。

（3）在 SAN 存储网络层面，SAN 交换机的双活是存储双活的基础，两台互相独立的 SAN 交换机是必要的，SAN 交换机之间的切换可以通过存储多路径软件来实现。

（4）在存储系统层面，存储系统的双活是能够在两台不同的存储设备之间实现双份的数据镜像，保障两个存储数据的一致性，并且实现自动故障切换。可以采用基于服务器操作系统卷管理软件的存储镜像技术（如 IBM AIX 操作系统的 LVM 镜像、Oracle 数据库 ASM 卷管理技术、Symantec 的 Storage 解决方案等）。该技术通过操作系统向两个存储设备同时写数据来保障数据一致性，并且可以任意读取任何一台的数据。采用 IBM V7000 存储进行现有存储的虚拟化整合，通过 SSD 盘优化性能、快照功能提供快速逻辑备份恢复，备份时间为秒级，恢复时间为分钟级。另外，存储系统之间的镜像复制（Metro Mirror）技术也可以保障双存储数据冗余。对存储系统的逻辑卷进行有效的快照（Flash Copy）也是系统加速恢复的有效办法。IBM V7000 存储的快照可以支持单个卷 256 份快照，快照占用的空间很小，仅为快照存在期内的增量数据大小。通过快照加载和数据库日志回滚等策略可以快速地恢复由于逻辑错误导致的存储数据损失。

2.11.6　高性能 Web 站点方案

图 2.34 是典型的 B/S 或 C/S 的三层架构的运行部署图。

当 Web 站点的网页或组件的下载速度变慢时，比较省事的办法是增加服务器的带宽。带宽的单位是 bit/s，也就是单位时间的比特数。Web 站点的所有网页都需要下载、计算和渲染，这些都需要时间。这就需要从 Web 浏览器前端、负载均衡、中间件处理、后台数据优化和分布式文件系统存储等环节进行优化。比如，可以充分利用浏览器端 Cache 策略减少网页或组件的重复下载；通过主流的 PHP、Ruby、ASP.NET 和 JSP 等服务器脚本语言来编写动态内容，并在脚本解释器中执行；提高 Web 服务器的并发处理能力，也就是最大吞吐率（Throughput），单位是 reqs/s（注：LoadRunner 压力测试软件可以针对最大吞吐率进行测试）；应用 F5 或 A10 等负载均衡设备实现类似集群的 Web 服务器的横向扩展的处理能力；数据库可以通过 explain 命令分析 SQL 查询语句的索引使用情况，有效地杜绝 SQL 语句的全表扫描情况发生和确保数据库自身统计信息的及时更新；在存储节点（Storage Node）的分布式文件系统大大提高了应用文件的读取效率和存储的高可用性，最典型的是 Google 的 GFS 文件系统。Google 的 Map/Reduce 的分布式并行计算的开发框架可以实现海量的数据传输、容错

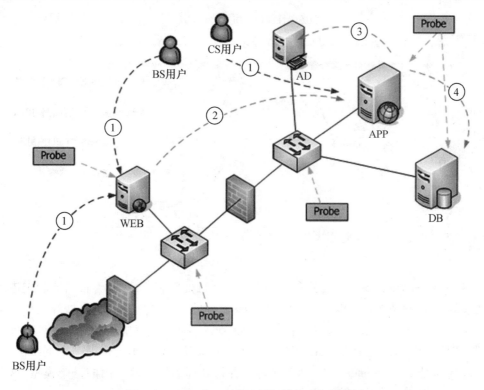

图 2.34　B/S 或 C/S 的三层架构的运行部署图

和基于文件读写的负载均衡。

另外,在网络层面,为了验证数据的具体容量需求,可以通过建立数据流模型,尽可能了解应用数据流的特性。在实际网络中选择监控点,部署抓包工具 Probe,对捕获的数据流进行分析。除了网络层面的监控,基于服务器运行的 Nmon 也是一个不错的性能监视工具。Nmon 提供基于服务器终端命令行的监视界面,还可以通过专用的分析器将监视数据生成报表和曲线图。曲线图可以表示服务器的 CPU、内存的使用率和 IOWait 的比率,其中 IOWait 是指 CPU 空闲并且等待 I/O 操作完成的时间比例。图 2.35 是服务器性能曲线图举例,横坐标为时间刻度,8 点到 23 点;纵坐标是百分比,表示 CPU 和内存的使用率。

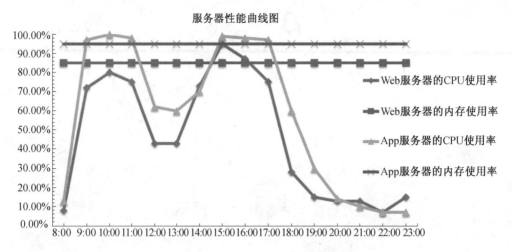

图 2.35　服务器性能曲线图

高性能 Web 站点方案一般支持多处理结点的并行处理和负载均衡,目前比较先进的阿里巴巴 B2B 电商网站平台可以支持类似 Hadoop 架构的分布式处理和交易处理结点按实际业务需要的动态横向扩展。并行处理技术会极大地提高业务交易响应和处理速度。那么并行处理相对于线性处理会有多少倍的速率提升?下面用阿姆达尔定律提高一下感性认识。阿姆达尔定律是 G. M. Admdahl 在 1967 年针对并行处理的扩展性给出的一个模型,这个模型为分布式架构的设计者提供了理论依据和指导,定律公式为

$$Speedup = 1/[(1-p) + p/n]$$

式中,p 为可支持并行处理的软件业务逻辑占该软件所有业务逻辑的比例,n 为并行的线程数量,Speedup 为并行后相比串行或线性处理提速的倍数。

比如一个软件 90% 的业务逻辑可以支持并行处理,目前使用 10 个进程进行处理,那么并行处理的理论速度上限为不做并行时的 $1/[(1-90\%) + 90\%/10] \approx 5.2$ 倍。如果支持并行处理的进程无限大,那么并行处理的理论速度上限为不做并行时的 $1/(1-p)$ 倍。反过来思考,如果一个软件系统支持所有业务逻辑的并行处理,即 p 等于 100%,那么并行处理的理论上限为不做并行时的 n 倍。为了提高软件业务逻辑的处理效率,就需要更多的业务逻辑在系统运行时能够支持并行处理。如果软件系统之前的设计是紧耦合的,就很难支持目前比较流行的分布式架构,这也就意味着要想实现系统处理效率的倍增,传统软件可能需要进

行软件架构的重构和软件代码的重写。

如果 Web 应用一时不能重构,而且使用的是 IOE 的架构,即承载软件的应用服务器所对应的物理设备是 IBM 的刀片或塔式服务器,后台调用的数据库是 Oracle 的,储存应用数据的存储是 EMC 的,就需要考虑一个临时的解决方案,即通过一个数学分析模型或公式动态计算出业务应用需要的 IT 处理能力,再根据 IT 处理能力的要求及时调整服务器的 CPU 个数和内存及存储的容量。IT 的处理能力的计算单位可以为 TpmC(Transaction Per Minute Per Core)计量,即每个单核 CPU 在每分钟的处理能力。下面是一个简单的计算业务所需要的 TpmC 值的计算公式

业务应用所需要的 TpmC = 峰值时间每分钟的业务量×根据应用交易复杂度的转换系数×最简单的软件交易处理能力所对应的 TPmC 值/[(1−预留应用未来处理能力的比率)×期望的业务应用的 CPU 使用率]

公式所需代入的测试数据举例见表 2.26。

表 2.26　测试数据参数表

峰值时间每分钟的业务量	根据应用交易复杂度的转换系数(一般是 10~15)	最简单的软件交易处理能力所对应的 TPmC 值(由硬件厂商提供)	预留应用未来处理能力的比率	期望的业务应用的 CPU 使用率
5 000	15	1:5	30%	70%

通过以上数据的代入,业务应用所需要的 TpmC 计算为
$$TpmC = 5\ 000 \times 15 \times 5 / [(1-30\%) \times 70\%] \approx 765\ 306$$

如果 Web 应用在 IBM 的 P780 上部署,单个 CPU 的处理能力大概为 161 973,则这个 Web 应用应该分配 765 306÷161 973≈4.7 个 CPU(或 Core),向上取整约 5 个 CPU(或 Core)。而服务器的内存设置一般是实际物理数据库容量的 5%。以上公式可以根据不同业务复杂度情况不同进行优化,比如考虑同一应用系统不同模块的交易错峰的情况,并且考虑不同模块的交易复杂度不同等多种情况。

2.11.7 服务流程设计方案

IT 服务管理的流程很多,下面通过一个典型的问题管理流程来诠释流程设计的要点内容。问题管理流程是用来调查和分析 IT 服务管理的薄弱环节,查明事件或故障产生的潜在原因并制定解决方案,防止其再次发生的措施指引,其将事件或故障对业务产生的负面影响减小,并确保问题管理的相关绩效指标的实现。

流程的目的包括找出问题产生的根本原因;实施主动问题管理,防止出现新事件或故障;通过流程绩效指标反映当前 IT 基础架构和应用系统的运维服务质量;提高 IT 服务的可靠性、可用性,降低 IT 服务支持成本。

流程的管理范围包括 IDC 基础架构环境、应用系统、用户桌面、网络、邮件等业务相关的各种问题。具体包括如下两类应用场景:

(1)在处理 IT 基础设施或应用程序 Bug 类故障(事件)单时,当业务服务已经恢复,但是未能发现根本原因,需要通过问题管理深入分析原因,寻找最终解决方案的情况。

(2)由运维技术人员通过主动的问题分析发现问题并创建问题单。比如,IT 基础设施维护人员在日常巡检时发现的潜在风险,就需要开问题单对问题进行持续跟踪。

流程的执行原则即可能的制度或政策如下:
(1)所有问题信息都应该完整准确地记录下来,并保证相关信息应尽可能详细。
(2)所有问题提交人应参与和遵从统一的问题管理流程,不应该有任何例外。
(3)应该定期对问题管理流程的关键绩效指标和流程支撑工具的有效性等进行回顾,以改进和优化流程。
(4)对未解决的问题,应该定期举行特定问题的回顾会议,讨论并对其进行评估与分析。
(5)已明确的问题根本原因和问题解决方案应申请纳入知识库。
(6)问题的分类与故障(事件)的分类应尽量保持一致。
(7)需要定期抽查问题单填写的质量,确保内容足够明确和详细。

流程的角色定义如下:
(1)问题管理流程负责人从宏观上监控流程,确保问题流程在 IT 服务团队范围内被正确地执行。随着业务需求和 IT 环境的改变,流程负责人必须定期或不定期进行流程分析,找出缺陷,进行改进,从而实现服务能力的可持续提升。

(2)问题经理负责协调问题管理活动的日常执行和问题管理流程中的工作调度,并负责直接接受用户或 IT 运维服务人员提交的问题记录。负责受理或创建问题单,跟踪、协调问题的最终解决。

(3)问题分析员通常是由 IT 运维二线和三线的专业技术支持人员担任,他们通常具有某个领域的技术技能,负责寻找问题的根源,并提供和协助落实解决方案,必要时寻求原厂或第三方资源的帮助。

(4)问题申请提交人负责对潜在问题进行分析和识别,收集问题相关信息并提交问题申请。

具体流程设计图如图 2.36 所示。问题管理流程的主要活动包括检测与记录、审核与分派、调查与诊断、解决和恢复、问题关闭等阶段。在分析与诊断阶段,必要时要进行相应的技术升级。下面是具体的阶段描述:

1. 检测与记录

问题的监测与记录是问题管理流程的起点。该阶段是依据各种问题的触发条件,创建问题单和描述问题的相关信息。根据问题所属领域进行分类,并初步判断问题的优先级。本阶段的重点是准确、完整地采集并创建一个问题单所需的必要信息。

2. 审核与分派

对所有提交的问题申请单进行审核,判断是否是需要解决的问题、是否构成问题,对提交问题的内容完整性进行审核,确定解决问题的问题分析员人选,并及时分派问题。

ITIL 与 DevOps 服务管理案例实践

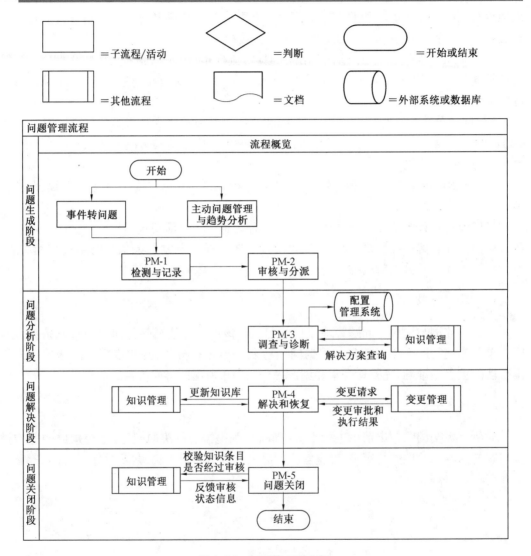

图 2.36 问题管理流程图

3. 调查与诊断

若无法找到匹配的已知错误,要对问题进行深入的调查、分析与诊断,以寻找问题的解决方案。不同技术领域的问题分析员将会参与其中以寻求问题的最终解决方案,必要时会做技术升级以便快速解决问题。若找到问题根源,则将问题第一时间标记为已知错误。

4. 解决和恢复

尝试使用解决方案和变通方法来解决问题。变通方法(也称临时措施)是指解决故障(事件)的临时修复方法或技术,目的是使用替代措施暂时恢复服务级别协议(SLA)中约定的服务,避免故障(事件)继续对业务产生影响,该故障(事件)的永久解决措施有赖于对该故障(事件)潜在的问题根源进行分析并最终解决。如果问题解决方案涉及变更,则需要在方案实施过程中提交变更申请单,走变更管理流程。

5. 问题关闭

若问题解决方案找到并成功实施后,可与问题申请提交人进行确认,在确保问题信息的完整性与准确性后对问题申请单进行关闭,并对已经关闭的问题申请单有选择地进行回顾和总结。

流程的关键绩效指标(KPI)是为了控制流程的质量,改善流程效率。通过对指标的分析,可以有效地对流程的运行情况进行监控和改进。具体 KPI 绩效指标见表 2.27。

表 2.27 问题管理流程 KPI 列表

序号	指标名称	指标类型	指标说明
1	问题单总数	日常统计指标	用途:当前问题的总数,用于了解系统中记录的问题数量 数量:在问题单中根据以下条件过滤 【重复问题标记】为空 【问题关闭代码】需要有特定的编码规则 【登记时间】在统计周期内

续表2.27

序号	指标名称	指标类型	指标说明
2	在目标规定时间内成功解决的问题数量/比率	日常统计指标	用途:在规定时间内解决的问题占总问题数的比例,用于了解问题处理完毕的情况 数量:在问题总数中过滤【问题状态】="已解决",并且实际解决时间小于问题的目标解决时间 比率:数量/问题总数×100%
3	对各类型问题平均受理时长	日常统计指标	用途:各种类型问题的平均受理耗时 数量:在问题单中过滤不同【问题分类】,按照不同【问题分类】计算【问题受理时间】减去【登记时间】的平均值 比率:不同【问题分类】的所有问题受理时长的总和/不同【问题分类】的问题数×100%
4	各类型问题平均分派时长	日常统计指标	用途:各种类型问题的平均分派耗时 数量:在问题单中过滤不同【问题分类】,按照不同【问题分类】计算【问题分派时间】减去【问题受理时间】的平均值 比率:不同【问题分类】的问题的所有分派时长的总和/不同【问题分类】的问题数×100%
5	对各类型问题解决的平均时长	日常统计指标	用途:各种类型问题的解决的平均耗时 数量:在问题单中过滤不同【问题分类】,按照不同【问题分类】计算【实际解决时间】减去【实际开始诊断时间】的平均值 比率:不同【问题分类】的问题的所有实际开始诊断时长的总和/不同【问题分类】的问题数×100%
6	对各类型问题方案审批的平均时长	日常统计指标	用途:各种类型问题的方案审批的平均耗时 数量:在问题单中过滤不同【问题分类】关于【是否需要方案审批】为"是"的问题单,按照不同【问题分类】计算【实际方案审批时间】减去【转方案审批时间】的平均值 比率:不同【问题分类】关于【是否需要方案审批】为"是"的问题单所有转方案审批时长的总和/不同【问题分类】关于【是否需要方案审批】为"是"的问题单的数×100%

2.11.9 架构方案的风险评估办法

项目的风险不应该到售后才由售后项目经理识别,在售前或签订合同时就应该有相应的制度或机制进行识别。比如,IBM 设立了专门的质量管控(QA)部门对即将与客户签署的合同或解决方案进行风险和技术的多重评审。评估之后会对该项目所对应的风险级别打分,一般可以按 0~9 打分,打分在 3 以下的为低度风险,4~6 为中度风险,7~9 为高度风险。针对高风险的项目,项目执行组织应该考虑不做;中度风险的项目应该考虑预设更多的风险储备,风险储备可以是项目完工预算(BAC)的 5%~10%;低度风险的项目也应该考虑预设一定的风险储备,风险储备可以是项目完工预算(BAC)的 2%~5%。

项目的风险评估也可以通过计分卡的方式来体现,记分卡的评估项可以按 0~9 打分,单项风险程度高的可以打 6 分以上,风险程度低的可以打 3 分以下。当然,可以根据不同企业或组织的特殊性对每个评估项设成不同的权重。建议的评估项可以包括但不限于如下内容:

(1)客户招标文件和最终签订合同的一致性,包括条款的解释顺序和内容的有效性,以及针对客户是否愿意履行合同所涉及甲方义务的程度进行评价。

(2)针对客户招标文件的点对点应答是否在合同中逐条体现(包括在合同中注明以合同的项目工作说明书(SOW)为准,并可以取代一切以前往来文件,包括招标文件)。

(3)合同中的 SOW 所对应项目实施范围的技术实现偏离程度。

(4)项目可能的强制约因素、假设和依赖条件所带来的风险程度,如上线时间的规定和关键人物或资源不可用等。

(5)项目实施方是否具备适当技能的人员来完成此项目。

(6)如果项目涉及多个内部部门联合实施,技术或人员的协调所对应的风险程度。

(7)项目如果有下包,评估供应商的不可控因素。如果是第一次合作或客户指定的供应商,需要针对下包合同评估具体验收条件、付款周期和惩罚条款的合理性,以防不必要的纠纷或诉讼的风险。

(8)项目是否存在计划的进度或成本与事实严重不符的现象。

(9)项目实施过程是否存在违反法律法规和知识产权等不可预料或不可控制的风险。

(10)项目实施方是否以前实施过类似项目或有替代的解决方案,按照所具备的组织过程资产的成熟度打分。

2.11.10 腾讯云整体架构

腾讯云计算提供整体一体化云解决方案,其架构的主要特点总结如下:

(1)"三端一中心"的接入,即租户端、运维端和运营端通过统一的 TCenter 的 Web 控制台接入。

(2)架构解耦的控制组件容器化部署,实现基于容器部署的云计算调度和控制系统的灵活部署,以及部署组件应用的安全隔离、高可用性和弹性伸缩。

(3)利用开源虚拟化技术实现分布式的计算、存储和网络的弹性伸缩服务。

(4)丰富的云产品服务选择,提供基于 IaaS(基础设施即服务)、PaaS(平台设施即服务)和 SaaS(软件设施即服务)的一站式服务。具体可以提供的服务产品如图 2.37 所示。

腾讯云计算的架构组件举例如下:

(1)云服务器的弹性伸缩。其主要特征是可大可小、可增可减地利用云计算资源。弹性分配的主要目的是用户在使用云计算资源时,不必担心资源的过度供给导致额外使用开销,也不必担心资源的供给不足导致应用程序不能很好地运行和满足客户的需要,所有资源将以自适应伸缩方式来提供。弹性伸缩可以解决促销的动态资源供给难题,以及需要快速按需搭建和释放软件测试环境和软件快速部署等场景。

(2)灵活的私有网络服务。在云上构建的一个或多个相互隔离网络空间,为云上的云服务器、负载均衡和云数据库等云服务资源提供网络环境。服务功能包括自定义网段划分、IP 地址分配和路由策略设定等,并通过安全组实现网络安全防护。

(3)网络的访问控制。支持基于安全组的虚拟防火墙和基于证书的安全访问控制。可以根据业务的扩展,自定义访问控制的相关规则,实现对特定资源的访问权限管理。

(4)同城和异地容灾。使用云服务器跨可用区部署可实现同城容灾,跨地域部署则可实现多地容灾,确保在出现故障的情况下保持服务持续可用。

(5)基于 Kubernetes 的容器服务。提供高度可扩展的高性能容器编排和管理服务,为容器化的应用提供高效部署、资源调度、服务发现和动态伸缩等一系列完整功能,解决用户开发、测试及运维过程的环境一致性问题,提高大规模容器集群管理的便捷性,帮助用户降低

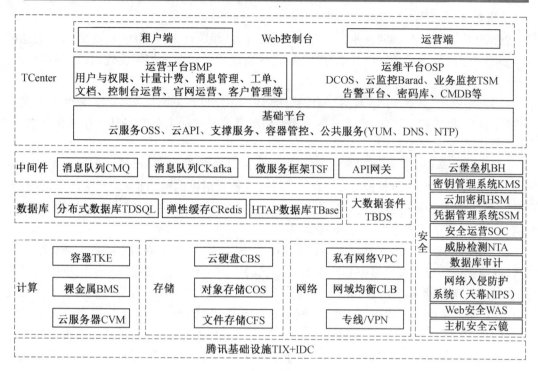

图 2.37 腾讯云架构框架图

成本,提高效率。

(6)海量的对象存储服务。对象存储是一种无目录层次结构、无数据格式限制,可容纳海量数据且支持HTTP/HTTPS协议访问的分布式存储服务,使用户都能使用具备高扩展性、低成本、可靠和安全的数据存储服务。

综上,腾讯云基于其20年的海量互联网业务,整合其内部各种已经相对成熟的云产品服务,为客户打造可信赖的云计算产品。

2.11.11 腾讯云安全产品架构

谈到云计算,很多客户首先想到的是如何保障迁入云的安全性。云平台的虚拟机就像天上的云彩一样,不知道某一天会飘向何方,自己的安全数据是否也因此泄露。因此很多云计算的潜在客户对是否上云犹豫不决。

腾讯作为老牌的互联网企业,其QQ和微信产品已经跨过10亿用户大关,而且目前这两款产品都是通过腾讯云来提供基础支撑,人们不觉好奇腾讯云是如何实现自己产品和平台的安全防护的。

(1)网络安全(大禹)。实现对来自网络的DDoS(分布式拒绝服务)攻击,以及实现网络入侵检测和入侵防护。比如,腾讯的网络入侵防护系统提供的全量网络日志存储和检索、安全告警和可视化大屏等功能。

(2)主机安全(云镜)。基于腾讯多年积累的海量攻防数据,利用机器学习为用户提供黑客入侵检测和漏洞风险预警等安全防护服务,主要包括密码破解拦截、异常登录提醒、木马文件查杀、高危漏洞检测等安全功能,解决当前服务器面临的主要网络安全风险,帮助企业构建服务器安全防护体系,防止数据泄露。

(3)Web应用安全(WAF)。通过部署Web应用防火墙,将企业站点隐藏在防火墙节点之后,避免业务站点直接暴露在互联网的攻击威胁中。结合安全大数据及历史攻防的经验总结,有效实现Web入侵防护、0Day漏洞补丁修复、恶意访问惩罚、云备份防篡改等多维度防御策略,全面抵御恶意攻击,保障受护网站的系统及业务安全运营。

(4)内容安全(天御)。内容风险识别,及时发现被恶意篡改、误发敏感信息或者用户在聊天、论坛等上传有害言论数据等。这些内容风险包括网站内发布或者外界可从网站获得的广告数据、色情信息、暴恐信息、政治言论等信息。

(5)安全治理(天幕)。基于腾讯安全服务内部数百条业务线的运维经验积累,结合大数据处理能力,通过旁路部署的方式,提供了网络层ACL(访问控制)和日志审计功能,解决云计算平台监管、ACL控制和安全治理等问题,并辅助客户满足国家网络安全法和行业合规性要求。

由此可见,腾讯云平台已经实现全面立体化和安全的纵深防护,其针对安全的一揽子解决方案对现阶段很多对IT安全投入不高的中小企业乃至大企业都具有相当程度的吸引力。

2.11.12 阿里云架构与未来服务管理方向

阿里云可以基于简单易操作的云控制台完成复杂而多样的云服务器、存储、网络安全隔离和应用负载均衡的配置,并且基于其强大的集群部署、跨地域容灾、分布式文件系统和自动化运维等诸多特点。阿里云正在助力很多企业的数字化转型,很多企业通过上阿里云已经完全实现与竞争对手做不同的事,或做同样的事应用不同的数字化战略。

随着云计算的普及,其服务管理工作将会有如下的变革:

1. 仓筒式运维体系将会消亡

以前基于单个工种的仓筒式运维岗位职责将会逐渐消亡,因为云控制台可以把以前基于服务器和网络的命令行配置操作轻松转变为界面操作,使传统的服务管理员可以很容易地管理网络、数据库、中间件和集群应用。

2. 远程管理和脚本驱动将成为常态

Linux 服务器状态访问可以通过 Putty、Xshell、CRT、跳板机等远程查看服务器的情况。Windows 远程访问可以通过 RDP 协议,即远程桌面,并且服务管理人员可以通过编写 Python 语言调用云 API 实现更多的自动化运维管理。

3. 缓存数据库和对象存储将成为打破 IO 瓶颈的主力军

以前我们访问数据库更多的是自建的关系型数据库(RDS),目前关系型数据库主要有 Oracle、SQL Server、MySQL、PostgreSQL 和 MangoDB。由于大数据、AI 人工智能和机器学习的广泛应用,更多的互联网产品会选择支持高缓存和高并发的关系型数据库,以及支持高 IOPS 的对象存储。存储磁盘可以支持在一个物理机房(即可用区)内云服务器的访问和调用,因为考虑到磁盘跨可用区可能会有不可接受的访问延迟。对一些对磁盘读写延迟要求比较高的应用,则不建议跨可用区的存储磁盘的读写访问。

4. 基于云的虚拟网络和安全防护成为主流技术

通过传统交换机的 VLAN 技术所产生的逻辑网络隔离无法适应基于云上海量用户隔离的诉求,4096 的最大 VLAN 隔离总量仿佛就是一种魔咒,使传统网络最终止步于所谓的经典和历史的辉煌。云计算厂商如阿里云目前普遍采用 Overlay 的网络封装技术,通过基于数据报文的封装和解封装使在云上的每个租户(终端用户)都可以做到安全的逻辑隔离。另外,基于云的防 DDoS、漏洞扫描和安全加固的软件如雨后春笋,因此,基于云的虚拟网络和安全防护等产品将成为技术支持的主流。

综上，企业正在逐渐从传统运维转向基于云的运维。每个企业都应充分考虑转型可能引发的阵痛与反复，以及如何通过项目管理来最终实现这一划时代的蜕变。

2.11.13 阿里云整体架构与关键产品

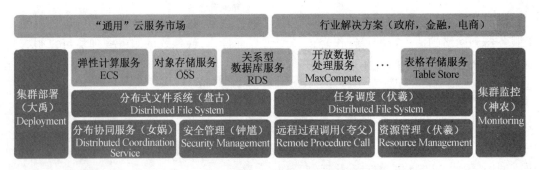

图 2.38 阿里云体系架构图

云服务器计算产品的关键要点阐述如下：

（1）云服务器（Elastic Compute Service，ECS）是基础设施即服务 IaaS（Infrastructure as a Service）级别的云虚拟机。ECS 具备即开即用、弹性伸缩、安全隔离、防病毒攻击及流量监控等特点，并支持如 GPU 和 FPGA 等异构计算服务器。

（2）ECS 一般针对系统盘进行镜像制作，并关联弹性伸缩产品，按需触发既定配额数量的云服务器 ECS 的创建。如果已有的 ECS 关联负载均衡（SLB），云可以实现把新增加的 ECS 服务器自动关联到 SLB 产品中。

（3）ECS 关联快照，记录某一时间点一块云盘的数据状态文件。常用于数据备份和恢复，备份的数据会保存在特定区域的分布式存储架构的云盘上。

（4）ECS 关联块存储，分布式存储架构的云盘以及基于物理机本地盘。云盘关联对象存储和文件存储等，本地盘可以是 SSD 盘。

（5）ECS 关联 BGP（Border Gateway Protocol，即边界网关协议）的接入，专有网络（Virtual Private Cloud，VPC）的隔离，在 VPC 内可以设置基于安全组的虚拟防火墙，实现实例级的网络访问控制。安全组实现在同一地域内具有相同保护需求并相互信任的实例的互联互通。一台 ECS 实例可以加入的安全组数量最大为 5 个。

(6) ECS 支持 API 和 SDK 调用，ECS 的 API 支持 HTTP 或者 HTTPS 网络请求协议，允许 GET 和 POST 方法，GET 为读，POST 为写。ECS 支持通过 URL 发送 GET 请求调用云服务器 ECS API。ECS API 包括大量的接口函数，实现对 ECS 实例的全生命周期的管理，比如创建、启动、运行、停止和删除 ECS 实例。另外，阿里云提供多种 SDK 语言安装包，可以支持多语言针对 API 的调用，目前比较流行的语言包括 Python、Java 和 PHP 等。应用 ECS 的企业或个人简单引用 SDK 安装包就可以实现基于 ECS 实例的有效管理。

阿里云的服务器 ECS 属于云计算的核心产品，ECS 实现了与云专有网络产品和云存储产品的无缝集成和整合，可以实现基于基础设施即服务的全方位立体化的解决方案交付。

云存储产品的关键要点阐述如下：

(1) 阿里云支持对象存储(Object Storage Service，OSS)、文件存储 NAS 和块存储的多种存储类型。

(2) 对象存储服务有别于传统的文件存储，基于多副本的高可用和分布式文件存储架构，并且 OSS 的容量和处理能力类似于云服务器 ECS 的弹性扩展。

(3) 文件存储和对象存储的主要区别是，用户无须修改现有应用即可直接像访问本地文件系统一样访问文件存储 NAS。文件存储 NAS 提供高吞吐和高 IOPS 的同时，支持文件的随机读写和在线修改。

(4) 对象存储 OSS 是比较新的存储类型，相对于文件存储目录树的组织形式，对象存储 OSS 采用扁平的文件组织形式，采用 RESTFul API 接口访问，不支持文件随机读写和在线修改，主要适用于互联网架构的海量数据的上传下载和分发。

(5) OSS 提供 CopyObject 接口用于拷贝同一地域下相同或不同存储空间(Bucket)之间的文件(Object)。CopyObject 接口仅支持拷贝小于 1 GB 的 Object。如要拷贝大于 1 GB 的 Object，建议使用 UploadPartCopy。使用 CopyObject 或 UploadPartCopy 接口均要求对源 Object 有读权限。

(6) OSS 支持内容分发网络(CDN)的缓存加速，CDN 更多地应用在基于负载均衡(SLB)的 Web 应用的访问加速。

(7) CDN 缓存刷新类操作(包括缓存刷新、缓存预热)的限制是：基于 URL 刷新是 2 000 条/日/每账户，目录刷新是 100 个/日/每账户。

阿里云的云存储基于其海量扩展、低成本高安全可靠、容量和处理能力弹性扩展等特点，未来将会在互联网和传统应用中大放异彩。应用在使用云存储时可以基于自己对存储可用性和成本等诸多考量来选择有针对性的对应存储类型。云存储产品同样与云服务器 ECS 及云网络产品无缝集成，可以实现基于基础设施即服务的全方位立体化的解决方案。

云网络产品的关键要点阐述如下：

（1）专有网络 VPC（Virtual Private Cloud）是用户基于阿里云创建的自定义私有网络，不同的专有网络之间二层逻辑隔离，关联现在比较流行的 VLAN 封装技术。用户可以在自己创建的专有网络内创建和管理云产品实例，比如云服务器（ECS）、负载均衡（SLB）、云关系型数据库（RDS）等。

（2）我们可以认为 VPC 是一个私有专用网的概念。在 VPC 内部可以选择 IP 地址范围、配置路由表和虚拟网关等。具体的配置需要做网络规划，规划取决于每个网段的服务器个数和所需设置路由表的路由条目数量的限制，比如单个路由表支持创建的自定义路由条目的数量不能超过 48 条。

（3）在 VPC 中可以使用 192.168.0.0/16、172.16.0.0/12、10.0.0.0/8 这三个私网网段及其子网作为 VPC 的私网地址范围。如果有多个 VPC，或者有 VPC 与本地数据中心构建混合云的需求，建议使用下面这些标准网段的子网作为 VPC 的网段，掩码建议不超过 16 位。

虚拟交换机的网段	可用私网 IP 数量（不包括系统保留地址）
192.168.0.0/16	65,532
172.16.0.0/12	1,048,572
10.0.0.0/8	16,777,212

每个虚拟交换机的第一个和最后三个 IP 地址为系统保留地址。以 192.168.1.0/24 为例，192.168.1.0、192.168.1.253、192.168.1.254 和 192.168.1.255 这些地址是系统保留地址。

（4）原则上 VPC 之间是彼此不通的。相同云用户账号下可以基于业务安全隔离的需要把不同的 IT 环境进行逻辑的安全隔离。需要隔离的场景莫过于把应用开发环境、测试环境、预生产环境和生产环境进行安全隔离，用户可以针对不同的环境设置独立的 VPC 实现逻辑隔离。

（5）企业级客户搭建有属于自己的专有云。由于客户所属的部门很多，不同部门应用的系统不同，并且部门级的应用需要做到彼此安全隔离，因此，客户的不同部门可以拥有独立的VPC,在VPC内部添加虚拟交换机(vSwitch),需要安全隔离的应用所对应的云服务器ECS关联虚拟交换机,这样就实现了基于VPC级的安全隔离。

(6) VPC属于地域的概念,可以认为每个地域是某个城市的数据中心,如果用户没有多地域部署系统的要求且各系统之间也不需要通过VPC进行隔离,那么推荐使用一个VPC。

(7) 虽然VPC之间缺省是不通,但是如果需要VPC之间进行互联互通,阿里云可以通过对等连接、高速通道、VPN网关、云企业网等产品实现VPC之间的互联互通。

(8) VPC网段的选择还需要考虑是否使用了经典网络(阿里的传统网络)。如果用户使用了经典网络,并且计划将经典网络的ECS实例和VPC网络连通,那么建议用户选择非10.0.0.0/8作为VPC的网段,因为经典网络的网段也是10.0.0.0/8。

(9) 即使只使用一个VPC,也尽量使用至少两个交换机,并且将两个交换机分布在不同可用区(独立的电力和网络机房),这样可以实现跨可用区容灾。同一地域(城市)不同可用区(机房)之间通常小于100公里,网络通信延迟很小。在应用考虑是否选择部署在相同可用区时,需要在高可用和低延迟之间找到平衡,不同可用区会提升高可用,但是延迟会有一定的增加。对于有严格延迟时限要求的应用,需要对应用所属可用区进行慎重规划。

(10) VPC内的负载均衡(SLB)和云服务器(ECS)如果想上公网,可以绑定公网的弹性IP,也可以通过NAT网关访问互联网。

由此可见,阿里云的虚拟专用网VPC的配置和应用非常简单灵活,云租户或客户可以在阿里云官网上进行路由和交换的简单配置,系统路由表的策略可以自动产生,这样大大降低了网络的管理难度。云网络产品同样与服务器ECS和云存储产品无缝集成,可以实现基于基础设施即服务的全方位立体化的解决方案。

2.11.14 阿里云天基——自动化运维的基石

随着云计算、物联网、移动互联网、大数据、人工智能时代的到来,数据中心的建立已经从传统式的IT系统集成转为基于云的平台部署。部署方式也已经从原先的插入安装光盘到基于PXE技术的远程启动和批量自动化安装。针对已经部署好的数据中心生产环境的运维,已经逐渐从传统的以命令行和脚本为主的黑屏运维方式转成基于Web或GUI界面的白屏化运维。

阿里云的天基基础运维平台是一款白屏化的运维工具。天基是一套自动化数据中心管理系统,管理数据中心的硬件全生命周期与各类静态资源(程序、配置、操作系统镜像和数据等),为各种云产品应用及服务提供了一套通用的版本管理、部署和热升级方案,能够使基于天基的服务在大规模分布式的环境下达到自动化部署和运维的效果,提高运维效率,并提高系统可用性。天基平台的核心功能如图 2.39 所示。

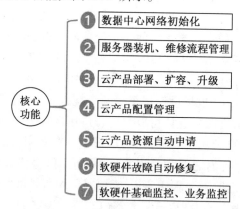

图 2.39　天基平台的核心功能

天基的一个核心功能是数据中心的网络初始化,天基可以实现基于最初设计的网络拓扑图和配置规划清单,以近似于全自动化的方式初始化数据中心网络设备的配置。在必要的网络配置后,实现云平台产品的自动化部署环境已经具备。云平台产品比如云服务器(ECS)、负载均衡(SLB)和云数据库(RDS)等集群服务器的自动化部署也顺理成章地得以实现。后期基于特定产品所对应集群服务器的自动化扩容和产品配置升级,也必然隶属于天基核心功能的一部分。

另外,在阿里云平台上,针对当下已经投入生产并提供业务服务的云产品,天基可以通过白屏界面的操作方式轻松实现针对特定云产品的健康状态指标的监控,以及软硬件故障的自动恢复等功能。天基运维平台认为特定产品所处的良好状态为"到达终态",所谓到达终态,是指产品或服务符合最初部署的成功状态,并不存在任何针对此产品或服务的告警信息。如果产品或服务存在告警信息,则视为某种错误状态,云平台运维人员可以在天基平台查看具体的错误日志,并以阿里工单的形式提交给阿里云公司来进一步诊断和处理,即走 ITIL 的事件/故障管理流程。当然,天基平台本身也支持必要的装机和报修所需要的流程申请和审批等工作流。

2.11.15 云计算与 TOGAF 企业架构

系统架构设计是对现实世界的一种基于组件级的具象化表达方式,比如阿里云飞天体系架构就包括云资源池管理、远程过程调用、分布式协同服务、集群监控和部署等诸多组件。通过这些组件的协同工作共同支撑企业上云所需的计算、存储、网络和安全等基础服务。企业之所以选择自建 IT 乃至应用目前非常火爆的云计算平台,其核心诉求是以一种高效、安全和成本可控的方式快速交付业务价值。

为了实现这种价值交付,以往很多大型企业都是通过在企业内部实施以 TOGAF 为代表的企业架构来促成业务和 IT 在战略层面的对齐,实现企业内部不同相关方对企业未来业务愿景和企业架构层级的统一认知和一致理解。TOGAF 中的架构层级通常包括业务架构、信息系统架构和技术架构等。业务架构包括业务建模和业务流程图。信息系统架构一般用于诠释应用系统之间的关联关系,可以通过服务或组件关系图来表述。技术架构是具体应用和基础设施的部署架构。随着数字化转型浪潮的推波助澜,未来大多数企业都会选择线上一张网、线下体验店的商业模式。而企业上云无疑是很多企业实现这一商业模式的最佳选择。

那么,企业选择应用云计算会对传统的 TOGAF 企业架构方法论产生什么实质性的影响呢？TOGAF 的架构开发方法涉及很多步骤,这些步骤包括从企业愿景的确立到各种层级的架构设计的实现,再到最终可预期的架构规划的交付和针对实施交付过程中的架构变更管理等。架构开发方法的这些步骤本身就是一个闭环。云计算具有弹性伸缩、高性能、高可用性和立体化的安全防护等先天优势,这些优势使企业摆脱了对传统数据中心技术架构的束缚,企业不用自行搭建数据中心和购买 IT 基础设施就可以达成对业务高可用性和安全性的非功能性需求。云计算结合目前比较流行的容器化部署解决方案,成功实现基于容器化的业务应用部署,使应用做到一次编译不同环境的一键部署成为可能。由此可以感知云计算对 TOGAF 的相关架构开发步骤起到提速的作用。

总之,云计算相对于传统 IT 是一种创新,其不仅仅改变了人们对 IT 基础设施的选择和购买方式和系统应用的部署方式,同时也加快了 TOGAF 架构开发方法在企业内部的循环迭代周期。

第 3 章 交付管理与 DevOps

通常企业或组织一般是通过项目管理的方法论来有效控制服务落地实施,具体可以参考《PMP 项目管理方法论与敏捷实践》一书。图 3.1 是国际架构师认证组织 OPEN GROUP 的参考架构图,它给出了一个企业各类管理要素之间的关系。项目管理在该框架图中起到承上启下的作用,即把企业服务设计的架构方案成功交付到运营管理阶段。而开发运维一体化方法论 DevOps 使这种产品价值的快速和高质量的交付成为可能。

本章基于开发运维一体化 DevOps 来具体阐述项目交付管理的实现过程。

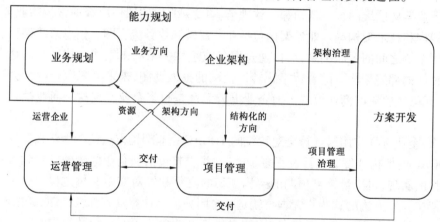

图 3.1 企业信息环境的参考架构图

3.1 基于 DevOps 的价值交付

DevOps 这几年的发展趋势可以用"如火如荼"来形容。在 DevOps 的理念发展过程中,从最初强调开发运维一体化,到融合精益思想和敏捷价值观来实现端到端的价值交付,DevOps 在不断优化自己的理论体系,充分结合敏捷开发和持续交付等实践,走出一条属于自己的管理体系发展之路。我们可以初步认为 DevOps 是敏捷实践的"下一个驿站(One More Step)",即通过把敏捷开发中所形成的增量产品以高效和可控的方式发布到生产环境中,并获得预期的价值收益。DevOps 的价值链条主要拉通了开发、测试和运维的良性协作关系,以持续部署流水线的方式实现软件开发产品的自动化交付,减少不必要的技术债,并消除生产系统的脆弱性。

所谓技术债,在开发的层面是指开发人员为了缩短开发的交付周期或降低开发难度而选择不太优化的方案来实现软件的基本功能。比如软件采用传统的三层架构而不是目前比较流行的支持高可用和高并发的分布式架构。技术债主要体现在利用一些短视的解决方案,它不仅体现在开发层面,还体现在运维层面。比如把没有经过严格测试的运维补丁安装到生产环境中,没有做好详尽的变更计划就实施变更操作,或没有充分考虑变更风险和缺乏对互相关联的变更请求的充分交叉影响分析等诸多情况。不论是开发层面还是运维层面的技术债,DevOps 需要考虑通过科学的方法不断减少这种欠债情况,以尝试的方式鼓励开发人员在时间和精力允许的情况下持续地执行代码重构,以及提倡通过自动化脚本和完善的自动化监控等方式实现日常高效的运维管理工作。

至于消除生产系统的脆弱性,正好关联业界 IT 服务管理最佳实践 ITIL 的 IT 服务连续性管理流程。DevOps 提倡应用高可用的技术架构或云平台,以及独特的部署机制,如蓝绿部署和金丝雀发布等有效的方式确保软件发布 100% 成功,如果不成功也会以秒级回滚到正常状态,并在软件系统日常运营时能够确保"零宕机"的良好业务连续性。关于蓝绿部署和金丝雀发布的理论概念,可以参考《ITIL 4 与 DevOps 服务管理认证指南》一书。DevOps 试图为企业和个人打造保证业务连续性的良好实践和持续改进提高的工作和思维方式。

对 ITIL 的流程实践而言,DevOps 实践以自动化的方式重新诠释了 ITIL 的发布管理、部署管理、服务验证与测试实践三个与 ITIL 服务落地相关的实践。

下面从 DevOps 的一些具体落地实践来逐步认知 DevOps 实践在产品交付过程中所起到的重要作用。

3.2 DevOps 实施的紧迫性

目前,DevOps 已经成为以 IT 的方式促进业务价值交付的方法论。DevOps 本身被定义为用于描述现有 IT 最佳实践从 ITIL、精益和敏捷发展为支持自动化和持续交付的方法,并鼓励协作和学习文化知识,以帮助IT实现比以往更好和更快的价值交付。DevOps可以说是为企业价值交付而生的。

在以人工智能(AI)、大数据和区块链等技术驱动组织数字化转型的当下,IT已经不再是一个后来支撑部门,俨然成为业务的一部分。《精益企业》一书明确指出:"公司的生死取决于他们发现新业务和为客户创造持续价值的能力。这一直是事实,但从来没有比过去几年更严重。技术和社会的快速变化,加剧了竞争压力。"DevOps当其时应其势,为快速的价值实现提供很多理论支撑,企业对应用DevOps的方式实现业务价值的需求比任何时候都更加迫切。

1. 云技术的出现

尼古拉斯·卡尔(Nicholas Carr)在《大变革》(The Big Switch)一书中提出云计算技术将以类似于19世纪末配电分布网络改变世界的方式来改变工业。云计算是一种全新的服务模式,强调资源共享。本书在云计算方面为共享经济提供了典型实践。近年来,伴随着IT计算、网络和存储资源以云的方式输出,很多企业或组织能够以极其低成本的方式获得计算、网络和存储服务。当组织租用一项技术能力比实际拥有它更经济时,这种转变是不可避免的。云计算技术的出现使企业能够避免或最小化其前期IT基础设施成本,并使应用程序更快地启动和运行。这意味着所有组织都面临着越来越大的压力,要求它们降低IT基础设施成本,以保持竞争力。

2. 资源供给全球化

在劳动力市场供给日益全球化的今天,历史的资源壁垒和地理划分越来越无关紧要,企业需要发生转变,才能保持竞争力。全球化使越来越多的企业在全球范围内扩张,他们越来越依赖技术来实现这一目标。

3. 劳动力需求日趋自动化

人工智能和机器学习越来越多地承担起社会上的日常事务,劳动力需求日趋自动化,这印证了以DevOps方式实现价值交付的大势所趋。

4. 数字化全新性竞争

针对数字化全新的竞争方式。当一种有可能彻底改变一个行业的技术出现时，老牌企业通常会认为它没有吸引力而忽略它。但随后又有一家企业介入，将创新带到了一个全新市场。当全新性技术得以确立，小规模创新迅速提高技术性能预期。

综上，云技术、人工智能、大数据和区块链等数字化新技术充当了 DevOps 变革的催化剂。

3.3 DevOps 落地三步工作法

DevOps 的落地通常要遵循三步工作法。第一步是实现开发到运维的工作快速地从左向右流动；第二步是从右向左的每个阶段中，应用持续快速的工作反馈机制；第三步是建立具有创意和高可信度的企业文化，支持动态的、严格的、科学的实验。三步工作法是 DevOps 实践落地的有力指引，具体如图 3.2 所示。

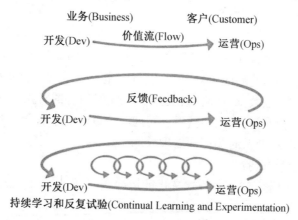

图 3.2　DevOps 三步工作法

第一步：从左到右的流动

从左向右的流动即 DevOps 从左向右的流动原则，也就是有效地把项目开发工作从开发侧到运维侧稳定快速流动，减少从需求到用户获得新产品真正体验的前置时间（Lead Time）。

在快速流程的同时也需考虑不要因为软件的快速交付导致产品的质量问题或品质的不稳定,更不能因为快速的交付导致生产环境不正常和客户服务的中断,即产品交付过程中的内建质量(Build in Quality),通过 DevOps 工具链打造的持续部署流水线是这种内在的质量基本保障。

除此之外,待部署的软件最好已经实现微服务架构,即充分的架构解耦。每个足够小的可运行功能可以基于容器的方式独立部署。研发团队应用 Git 进行软件版本控制,利用其分支和合并功能,确保研发人员在主干上开发的代码始终处于可部署的状态,通过 Jenkins 等工具实现持续集成、自动化测试和按需部署。与此同时,好的团队章程和代码规范也必不可少,研发人员要确保每天必须提交增量代码到集中代码库。应用云平台环境,通过蓝绿部署等自动化机制实现低风险的软件持续部署。

第二步:持续不断的反馈

DevOps 还秉承从右向左的不断反馈原则。反馈的方式可以是人为组织或程序的自动化实现。人为组织的反馈可以是敏捷开发团队发起的每日站立会、结对编程、代码评审会和迭代评审会等。自动化程序的反馈包括持续集成平台针对每日所提交代码即时反馈测试报告,部署是否成功的通知信息等。

即时的反馈机制的建立可以从源头上保证软件研发的质量,尽早发现和修复问题。反馈在生产环境中还表现为自动化的运维监控。一个典型的监控来自 Etsy 公司的实践,Etsy 公司是做一些小众的手工艺品的电商平台,其针对电商系统的监控指标超过 20 万个,覆盖了它们的应用、操作系统、数据库、网络、服务器、安全等所有的对象,并把监控的指标结果呈现在监控大屏上。无独有偶,国内的腾讯公司把监控指标更好地分层,让运维在服务出问题的时候能够被快速发现,并及时响应和处理故障。

第三步:持续学习与试验

DevOps 的落地实施是一个全新的文化锻造的实践,而文化的打造不是一朝一夕的,需要不断地自我迭代,不断尝试可能触发组织改进的实践,并勇于承担失败的风险,从成功和失败中吸取经验教训。DevOps 需要打造不同团队能够逐步实现价值交付的共同目标上来,让开发、测试和运维团队持续地紧密合作,久而久之就形成了稳固的 DevOps 团队。

DevOps 的持续学习和改进的工作要求是打造学习型组织的关键。DevOps 持续不断地反馈和可视化管理实现了组织内部不同部门的高度信任和高效的跨部门合作。DevOps 从左到右的流动方法是打造持续交付能力的理论源泉。DevOps 就是要实现从技术交付能力到行为方式的一次深刻的组织文化变革。

以下是一个典型的我国公司针对 DevOps 三步工作法的落地实践,供大家参考。

某公司在传统运作模式下,业务、开发和运维等几大部门可谓是相互掣肘。业务部门从提出需求到需求落地,往往会经历相当长的一段时间。实际上,最终交付的内容和最初需求是否能保持一致都是未知。

该公司从 3 年前就在推行敏捷管理,并为此做出了各种尝试。但在初期效果并不明显,其主要原因是业务用户、开发团队和运维团队之间对于敏捷转型的积极性不高。之后公司培养了一个敏捷教练团队,组织了多次敏捷知识内部分享会,使各个团队对于敏捷这一概念有了更深入的理解。在分享会上,大家都认同敏捷给公司带来的收益。结合公司实际情况,从最早的全面推行敏捷管理,到半瀑布半敏捷,再到后来的 DevOps,与时俱进的高效管理在公司内慢慢地有序前进。

以下是针对 DevOps 的三步法的具体实践。

第一步:流动原则

公司内有大大小小上百个服务及 APP,主要业务部署发布频率为每个月一次,每次的部署发布几乎涉及了所有重要业务服务。这些服务间的耦合度极高,导致每月部署发布但凡有一个服务出错或回滚,就会牵连其他所有业务。

为了解决这一问题,在公司推行 DevOps 之际,首要的任务就是解耦。为此运维团队搭建了 Docker 及 K8S 环境,以做到每个服务或应用可以相对独立地频繁部署进行技术储备。

研发团队引进了 Gitlab 系统,以做到从业务需求开始,到数据库和代码的公开与透明的管理,实现 Gitlab 与持续集成产品 Jenkins 的有效整合,并对部署权限进行有效管控,使从代码提交到软件部署再到生产环境的全过程可视化。

三大部门共同协商,放弃高内耗、不盈利的部分在制品,着重于主流业务需求。这样就消除了浪费,解除了开发团队的大部分技术债。为了使各团队提升效率,减少不必要的消耗,公司打破了原来的组织架构,按照项目对三大部分人员进行组织架构重组,即专门项目专人负责,让业务、开发和运维处在同一办公室内,面对面工作。

第二步:反馈原则

开发团队在编写代码时,已实现一人编译,一人同时校验(结对编程),避免人为错误,提高代码质量。在搭建好的 SIT 和 UAT 环境内进行测试,以可视化方式,如看板方法,随时发现问题或可能的阻塞,以便尽快干预并解决问题。

每个团队都有自己的敏捷教练,每日早晨的站立会上,敏捷教练会主导团队做好每日回顾和总结等。每个团队所处的办公环境都是开放的,每个团队也都有属于自己的看板,看板上贴满了自己团队和其他部门团队提出的建议或意见。在这样的氛围中,团队成员对于目标更加明确,没有遗留问题,使得运作更加高效。

第三步:持续学习与试验原则

在推进敏捷管理和 DevOps 初期,公司面临很大的挑战,有些人愿意改变,有些人抱有怀疑的态度。于是管理层决定选用一个 APP 进行试点,制定同一目标,一个团队使用传统瀑布流方法,另一个团队使用 DevOps 运作模式,在一段时间后验收。结果使用了 DevOps 的团队更高效、更贴合用户需求,并做到及时部署和交付产品。这一结果使得大部分人对 DevOps 这种新型运作模式产生了兴趣。

为了更好地推行 DevOps,管理层向员工传达了这一迫切的愿望,推荐全员阅读了《凤凰项目》《持续交付》等相关 DevOps 书籍,并多次组织各部门间的知识分享大会和各种线下培训。经过一段时间的磨合,业务、开发和运维三大团队的关系更加融洽。出现问题不再相互指责推卸,而是共同积极找出问题并杜绝问题的再次发生。未来还会引用 Chaos Monkey 来做故障演练,以对各部门进行考验和能力提升。

以上案例所带来的 DevOps 实践还在继续,该公司坚信它将带来转变,并将持续探索,与时俱进,分享专业。

3.4 大型企业如何落地 DevOps

DevOps 落地是组织在践行"精益思想"和"持续改进"路上的美好驿站。精益思想是在风险和成本可控的情境下为客户创造最大化的价值。持续改进则是应用更好的实践,如敏捷短迭代开发、自动化测试和持续部署,在组织内部不断打造这种价值创造的能力。目前很多企业都在或多或少地尝试 DevOps 实践,DevOps 的直接效果是把传统的开发测试工作模式进行改良实践,比如 DevOps 强调软件开发人员对增量代码的每日构建,当代码提交后即可触发自动化测试和持续部署流水线(Deployment Pipeline)等相关实践。在我国以百度、阿里巴巴和腾讯(BAT)为企业的互联网企业先后推出有自主知识产权的 DevOps 工具链产品,并把这些工具链作为商用,以项目交付的形式提供给很多企业级客户使用。

第3章 交付管理与DevOps

那么，一般企业在没有强援的情况下如何才能够成功迈出DevOps实施和落地的第一步？如果是一个大型综合性的企业，所涉及的现有系统有数十个之多，可以考虑先拿一个能充分架构解耦的系统进行DevOps初步尝试，即所谓的试点。因为DevOps的自动化测试和部署流水线的前提是所需部署的软件系统的架构可以得到充分解耦，这样就可以应用敏捷开发短迭代的交付方式，即每次迭代都可以交付一个独立可运行的软件，即最小可行性产品（Minimum Viable Product, MVP）。另外，尝试这种敏捷开发的组织要力求分配给每个开发人员的单一的开发任务足够小，即每次敏捷迭代做到小批量的产品增量的交付。比如可以考虑开发任务的最小颗粒度为 0.5~2 天的工作量，最多也要限制在 2~5 天可以完成的工作量。这样才能降低后期适时发起针对此产品增量的自动化测试和部署的风险。关于敏捷的更详细介绍，可以参考《PMP项目管理方法论与敏捷实践》一书。

在DevOps实践中，一旦任务在敏捷迭代开发过程中被开发完成就可以触发相应的自动化测试和持续部署流水线，因此可以认为一个可以实现逐步解耦的软件系统或采用一个符合松耦合架构设计理念的全新应用产品是实现敏捷迭代开发和DevOps部署的前提条件。也就是说，企业或组织应用敏捷开发实践是DevOps落地的建议选项，敏捷迭代的产品增量产出是DevOps以持续部署流水线的形式持续交付价值的起点，把产品增量快速投放市场也是DevOps实现持续交付的动因。

DevOps在企业或组织的实施从根本上是一场全新的价值交付方式的落地。无论是敏捷还是DevOps实践都会或多或少对组织架构和组织文化有变革的诉求。一个实施敏捷转型或DevOps实践比较彻底的企业不可避免地会经历一场深刻的组织变革。

组织变革离不开变革先锋的带领和组织内部团队大多数人的支持。微软公司在其内部实施DevOps及数字化转型过程中就非常强调要在组织内部首先锁定这种能够引领变革的人物，再由这样动力比较足的人来影响更多的人一起参与组织未来变革。人员和文化建设是DevOps的基石，找到勇于创新的团队是关键。这种团队的典型代表就是自组织团队，DevOps和敏捷都强调这种自组织或自管理的团队。所谓自组织或自管理的团队，通常是由一专多能的全栈式工程师所组成的，即开发人员除了具备开发技能，还具备需求分析、架构设计和测试、软件运维等技能，这些人勇于突破自己的技术壁垒和舒适区域，以协作的方式通过每次迭代交付最小可运行的产品来实现业务价值。自组织团队的建立打破了以前的部门墙及岗位职责的壁垒，DevOps建设与实施本身会促使组织内部原有研发和运维团队岗位职责的调整，对组织的现有文化会造成深远的影响。因此如果有意愿实施DevOps的组织，需

ITIL 与 DevOps 服务管理案例实践

要做好充分的心理准备，组织的高层尤其是董事长和总经理级别的高管需要对这种可能的文化变革抱有持续支持的热忱与长期的守护。

除了企业高层要有必要的心理准备，组织内部的研发经理和团队成员也要对 DevOps 有更多的理论和实践储备。DevOps 实践将改变具体岗位的工作方式，比如很多组织的研发团队采用的代码提交策略是"分支开发，主干发布"，而 DevOps 实践比较推崇的代码提交策略是"主干开发，分支发布"，即产品的标准特性需要在主干上持续集成，可以选择建立一个新的发布分支来发布某客户个性化的特性需求。在基于主干开发的过程中，开发人员需要适应每天必须提交增量代码到代码库的代码规范。DevOps 非常强调代码提交的即时反馈，很多持续集成平台支持代码，一旦提交代码库就会触发自动化测试，即 DevOps 持续集成的操作。在持续集成的过程中，持续集成平台会在 10～15 分钟之内发送针对该增量代码的单元测试和回归测试的结果到开发人员。开发人员需要即时查阅邮件，获得针对增量开发可能引起的最新缺陷列表。针对所有缺陷，开发人员要做到不隔夜处理，这是很好的工作习惯和职业操守，不给后继的开发工作和测试人员添麻烦，这符合精益思想原则。DevOps 强调谁制造问题，谁负责第一时间解决问题。除了持续集成的基本实践，组织还可以尝试持续的精益流程优化、自动化持续部署流水线和基于云计算平台的自动化服务配置管理等实践。

总之，DevOps 落地不是一蹴而就的，它需要组织做到文化变革的准备，高层的持续支持，标准化流程（尤其是配置管理实践）、自动化测试和持续部署能力的储备，以及研发团队对可能的文化变革和全新工作模式的认同与持续践行。

3.5 DevOps 试点小团队选择

敏捷开发和 DevOps 的实践可以从组织内部的一个小团队开始尝试，尤其是初创的小企业。在市场中图存的小团队或小企业要动态适应市场的需要，组织更加需要敏捷地捕捉市场的热点并推出适用的增量产品来获得市场的价值验证。DevOps 实践适用于广泛的企业，任何初创的小企业都可以勇敢地尝试。

那么，应该选择什么样的试点小团队来尝试 DevOps 呢？业界的专家给出了如下建议：

（1）项目压力适中，有相对富裕的交付周期。因为组织变革需要当下所在项目的研发团队投入额外时间去学习和适应一些全新的做事方式，比如针对 DevOps 工具链安装配置的学习、对团队全新协作方式的适应等。

第3章 交付管理与DevOps

（2）团队负责人或管理者保持开放的心态，能够承受压力并勇于尝试全新的管理模式。未来的管理者是服务型领导。领导要有更多的担当，以及对员工的指导和说服能力，也就是与领导力相关的教练技术的掌握。

（3）团队成员对DevOps所带来的组织变革要抱有持续的热情。稻盛和夫在《干法》一书中提到，员工应该是可燃型的人而不是自燃型的人，所谓可燃型就是能够拥抱变化，勇于走出自己舒适区域的人。在宏大的组织变革面前如果不能成为变革的"旗手"，至少也要成为变革的跟随者。

（4）团队所处的业务场景有频繁变革及快速交付到市场的强烈诉求。如果业务对快速交付的诉求足够强烈，DevOps具体实践会更加得到组织内部业务部门乃至组织战略层面的支持。

组织无论大小都可以用一个试点的小团队进行DevOps的落地尝试，按照著名的组织变革大师约翰·科特组织变革的观点，任何变革都需要考虑"取得短期成效，以稳固变革的信心"。在DevOps的落地尝试中选择一个可以使DevOps落地成功的团队显得尤为重要。与大企业落地DevOps一样，必须找到对DevOps落地有深刻认知和能够持续推进的领路人来引领这场深刻的变革，DevOps针对组织变革的深刻程度决定了DevOps实践到底能走多远。企业或组织内部可以选择合适实施周期的DevOps试点项目（比如实施周期超过1年半以上的项目），组建一支欢迎组织变革并愿意为DevOps的组织变革投入必要精力的项目团队。

该试点项目持续得到组织高层的投资回报的认同，即持续得到强有力的支持，并在组织内部持续推广试点项目的成功经验。

3.6 Etsy的DevOps企业文化

DevOps的落地不仅是自动化工具的搭建，更是一种深刻的企业文化变革。DevOps的文化可以总结为知识分享、跨职能协作、积极倾听和同理心、不断试错和不指责等。Etsy公司见证了DevOps文化落地的正确姿势。

Etsy是一个销售手工艺品和古董的全球在线集市公司。该公司在应用持续交付工具方面也是业界楷模，其通过应用Github、Jenkins集群和Deployinator等工具已经实现每次部署的前置时间（Lead Time）在10分钟以内，每天部署60次之多。在软件部署后可以通过Nagios工具监控可能出现的故障或问题，如果有故障或问题出现，则鼓励全员协同承担责任，建立公司整体的不指责文化,通过相互协作帮助尽快解决故障或问题。

文化的锻造不是一朝一夕就可以见成效的,持续的变革体现在组织日常运作的方方面面。比如软件工程师在刚入职到 Etsy 时就要遵循通过 Github 管理个人本地代码,并实现每日构建的基本规则。Etsy 有 Mentor 制度,安排一个老员工与新员工进行结对编程,使新员工尽快熟悉日常工作中会使用的开发和测试过程。通过指导(coach)和协助代码审查等方式帮助新员工成长。允许新员工犯错,提供高度信任的无指责环境,提倡感谢文化(每次故障解决时,受惠方都要说声"谢谢你",定期公开认可其他人的成就或贡献)。

Etsy 公司在 DevOps 落地方面基本实现 DevOps 理论倡导的四大支柱,即协作、亲密性(同理心)、工具和规模化。协作是通过支持多人的交互和输入来构建一个特定结果的过程。开发和运维的协作可以提升软件交付的效率,缩短交付的周期时间。亲密性(同理心)使大家共筑组织或团队的整体目标,并不断分享专业和相互学习。工具是加速器,起到推波助澜的作用,而不是必要的、唯一的选择。规模化是讨论不同规模的组织如何适用于 DevOps 的模式,当 DevOps 在某个小分队或部门形成标准化或成熟的实践,可以考虑适时推广到整个组织或整个产品交付的全生命周期。

Etsy 从一开始就是一个基于社区文化的公司,其清楚地指出公司的整个价值观,并加以保持和呵护。以下价值观及其理念是值得我们学习和借鉴的:

(1)建立部门协作和日常工作内容透明可视、同理心和重视人文文化。

(2)立足长远规划和构建。

(3)重视产品工艺的工匠精神,符合精益的内建质量思想。

(4)相信凡事都不能缺少趣味性,并把这种趣味性纳入激励的手段。

(5)一如既往地臻于至善。

3.7 谷歌 SRE 部门典型 DevOps 实践

谷歌 SRE(Site Reliability Engineering)团队维护很多互联网产品,包括 Gmail、Web 搜索服务和全球存储服务等。SRE 非常关注所管理系统的可靠性,SRE 中的 R 就是 Reliability 的英文缩写。

SRE 部门落实了 DevOps 一些典型的实践,包括一系列 DevOps 工具链的应用。不同企业或组织应用哪些 DevOps 工具,与其所处行业的特殊性和技术成熟度有关,关于 DevOps 工

第 3 章 交付管理与 DevOps

具链的介绍,可以关注 3.8 节的内容。

谷歌内部也存在关于 IT 治理的完善规范和准则,涵盖跨部门的沟通准则和行事规范等诸多内容。比如研发团队内部代码所有权共享,开发人员每天必须提交代码,谁制造 Bug 就要及时解决它。SRE 团队针对运维管理的更多制度准则包括可用性改造(关联 ITIL 的可用性管理)、延迟优化(符合精益原则)、性能优化和容量规划(关联 ITIL 的容量管理)、效率优化(关联 ITIL 的服务持续改进)。至于运维的变更管理、监控(事件管理)和紧急事务处理(故障管理)的职责更与 ITIL 的管理实践相关。也就是谷歌的发布侧的实践更多强调 DevOps,运维侧的实践更多参照 ITIL 的管理实践。

SRE 团队的工程师在日常运维的例会中讨论消除和防范运维故障的可能性,通过优化各种告警策略并增强自动化运维和故障自动恢复能力。SRE 团队可以组建开发资源来支持自动化运维的工具和测试脚本的开发。自动化运维工具和自动化脚本可以支持故障自动预警和即时调用恢复脚本支持业务连续性,即关联 ITIL 的服务连续性管理。除此之外,SRE 工程师同样会精心维护团队的各种文档和程序源代码,关联 ITIL 的 IT 资产管理、配置管理、知识管理等实践。

关于 SRE 团队的软件开发和运维工作量的比例是有一定要求的。SRE 工程师的运维工作严格限制在 50% 警戒线上,另外 50% 的工作量会投入到研发项目上,这里的研发项目更多的是指自动化运维工具和脚本的开发。在谷歌,SRE 团队如果发现某个阶段运维压力过大,可以寻求纯研发团队的支持,比如要求研发团队加入轮值 On-call 体系,共同承担轮值运维责任。另外,为了确保紧急事件过程处理的质量和事后的有效总结,可以考虑在 8~12 小时的 On-call 轮值期间最多只处理两个紧急事件。

SRE 团队的工程师也会深度参与到谷歌很多分布式系统的开发工作。SRE 工程师在系统的设计评审中认真推演各种灾难场景,考虑各种非功能性需求实现的可能性。非功能需求可以是安全、灾备、可用性和系统易用性等诸多方面。

3.8 DevOps 实施的瓶颈与挑战

2002 年以来,DevOps 在我国先后掀起了几次落地 IT 服务管理信息化的浪潮,以 ITIL 理论框架为主导的 IT 服务管理信息化走出了第一步,企业或 IT 部门在其内部搭建一个如中国移动 10086 那样的服务台,设计并把运维管理体系中的故障(事件)管理和变更管理等流程

· 153 ·

固化到 IT 服务管理工具上。其实 DevOps 落地没有那么简单，由于 DevOps 强调自动化部署和运维，工具自动化的前提是流程标准化，而针对软件的自动化部署需要建立在强大的软件程序及脚本数据（包括数据库和基础设置环境）的配置管理基础之上。针对基础设施环境的自动化部署和自动化运维，业内首推云计算平台。而目前很多传统企业的现状是配置管理成熟度和云平台的建设可能还处于初级阶段，这无疑是实施 DevOps 的主要瓶颈。

从更加深层次来讲，DevOps 是一种组织变革和文化运动。有效的组织变革需要以调整当下组织架构为前提。这符合"康威定律"，即任何组织在设计一套系统时，其所交付的设计方案在结构上都与该组织的沟通结构保持一致。如果组织从以前的瀑布式开发模式调整为敏捷开发，从传统的手工软件部署到 DevOps 的自动化部署，就会改变很多企业成员的日常工作和协作方式，即组织架构和文化变革。我们要深刻认识到 DevOps 的落地不是一蹴而就的，需要秉承组织变革的基础理论，比如本书 1.2 节关于组织变革管理模型八步曲，进行持续的尝试和不断的迭代改进提高。

3.9　DevOps 绩效度量与评估

通常基于 DevOps 实践的落地方法在不同组织内部会有差异化的体现，常规的落地步骤如下：

（1）流程改进。分析精益思想的价值流图可以发现当下流程的低效和浪费的环节，对现有流程进行优化，可以尝试采取更加精益的方法和持续杜绝浪费来提高流程执行的效率。

（2）工具自动化。把阶段产生的优化好的流程固化到自动化工具上，实现流程执行的自动化。比如通过 Jenkins 等工具实现组织的持续集成和自动化测试等实践。

（3）平台及环境搭建。基于 DevOps 工具链和云计算平台技术，打造一个从需求到系统上线的持续部署流水线。最终实现按需持续交付能力的平台搭建。

（4）实施文化变革。实行组织变革，营造团队彼此信任、全局沟通、通力协作和不指责的文化氛围。

以上实施步骤有其阶梯性落地的特点，企业可以尝试按如上顺序逐一实施。那么，如果企业真的开始实施 DevOps，如何判断实施的有效性？以下是可能的关键绩效指标，可以作为企业实施 DevOps 效果的度量参考依据。

（1）产品迭代的周期是多长时间？最好是每 2～4 周进行一次迭代。

(2)产品的发布频率、持续集成和持续部署的周期(Cycle Time/Lead Time)是多长时间?最好做到每日构建和持续集成,一天发布数十次之多。

(3)发布和变更的成功率是多少?最好发布和变更的成功率为100%;

(4)故障的自动恢复和解决时限是多少?最好利用高可用的云环境,实现以秒级恢复。

实施DevOps较为充分的企业应有以下良好状态:

(1)基本完成核心系统的架构解耦,从传统面向服务的架构(SOA)转为微服务的架构,逐步实现所谓的绞杀式应用模式,就是微服务架构逐渐代替原先传统的服务架构。

(2)应用敏捷实践,制定产品愿景和产品路线图,通过用户故事地图的形式把产品待办事项分级[史诗故事(Epic Story)、特性(Feature)和用户故事(User Story)]。

(3)应用敏捷迭代开发方法,把特性或用户故事纳入具体迭代进行增量交付。产品负责人与研发团队共同制定并认同统一的迭代目标,由研发团队把特性或用户故事分解为更小的任务。通过看板等低科技和高接触的可视化信息源及时反馈任务的达成情况,以渗透式沟通的形式,共同解决可能的问题或阻塞。

(4)产品特性的增量功能的前置时间(Lead Time)最好小于或等于一个发布周期,一个发布周期通常是由一个到多个迭代周期组成的。前置时间为从产品需求获取到最终上线的周期时间。

(5)成熟的配置管理和版本管理工具,确保发布到生产环境的二进制代码可以不加修改地部署到任何环境中。基于支持不同环境的配置文件的设置来适应不同运行环境的特殊性需求。

(6)单元测试和回归测试所遍历的代码覆盖率达到90%以上。应用同行评审和静态代码测试等工具来增加测试的有效性。

(7)具有每日可按需部署数次的持续交付能力,通过蓝绿部署和金丝雀发布等技术手段提高部署的有效性,即所谓强化业务的反脆弱能力。

(8)通过自动化运维监控,捕捉可能的脆弱和隐患,在工具层面做到即时反馈,并自动调用恢复脚本来保障业务连续性。

(9)通过对整个部署流水线的可视化管理,以促进各个团队之间更好的通力协作,在彼此信任与不指责的文化氛围中提出问题和发表创新观点。

(10)企业可以实现DevOps最终价值目标:

①缩短有价值的软件或服务投放市场的时间。

②内建质量,降低软件或服务生命周期的技术债。

③增强持续性提供服务的能力,即消除服务的脆弱性。

关于 DevOps 的最终价值目标的详细阐述,可以参考《ITIL 4 与 DevOps 服务管理认证指南》一书。

3.10　DevOps 工具链大全

相对于 ITIL 偏重于流程的管理实践,DevOps 更加关注"可工作的软件"的自动化部署和持续交付能力的打造。自动化是要靠工具的,比如持续集成工具 Jenkins、分布式版本控制的工具 GitLab 和运行状态监控工具 Nagios 等。企业可以通过这些工具链来开发属于自己的微服务,并把微服务部署到 Docker 容器中。

以下是比较典型的 DevOps 工具链示例:

(1)项目和需求管理:JIRA 和 Redmine。

(2)版本管理:Github 和 GitLab 分布式版本控制工具。

(3)构建和部署工具:Jenkins 和 Bamboo 等。

(4)容器编排:Kubernetes,Docker。

(5)云计算环境:阿里云、微软云和亚马逊云,可以有独立的测试、开发、预生产和生产的云环境,彼此安全隔离。

(6)代码质量:SonarQube,静态代码质量分析工具,支持 Java、C++等多种编程语言。

(7)测试工具:针对 Java 程序的 JUnit 单元测试工具,JMeter 负载和性能测试工具。

(8)日志监控:Splunk。所有微服务的日志都能够通过 Splunk Agent 发送到集中的 Splunk 服务器,以方便程序员进一步做问题分析。完全避免了登录到不同的机器收集 log 的窘境。

(9)监控管理:NewRelic 用来监控网络和设备的性能;Zabbix 系统资源监控;Nagios 提供服务可用性监控。比如 Nagios 提供心跳 API 供 Nagios 的主动模式使用;通过设置接收相应的消息格式,Nagios 也可以使用被动模式监控微服务。一旦无法 Ping 通某个微服务或者在一定时间内没有收到微服务的消息,那么会马上产生一个 PagerDuty 告警来通知相关人员。

(10)事件告警:PagerDuty。前面提到的监控工具都可以配置相应的条件来产生告警,产生的告警都会通过 PagerDuty 用邮件、Slack,电话和短信的方式通知给当时的值日人员。

PageDuty 虽然是全天 24 小时运行,也只有极少部分高优先级的告警才会在非工作时间发出。

(11)自动化运维:Ansible 和 Chef 配置管理工具、Puppet 和 Saltstack。

(12)协同工作:Leankit。

3.11 持续集成利器 Jenkins

Jenkins 是一个开源的持续集成工具,可以实现软件的自动化编译、测试和部署等诸多功能。Jenkins 以其强大的任务调度功能、丰富的插件库优势,在持续集成领域位于前列。

1. Jenkins 的优势

(1)Jenkins 的最大优势就是丰富的插件。比如 LDAP 插件,这个插件允许使用 LDAP 对用户进行认证。

(2)可以通过 Jenkins 提供的简单 Web 界面,就像配置家庭路由器那样,实现无线上网,Jenkins 只要几步就可配置完成。

(3)外挂组件丰富,比如支持构建结果或当构建完成时的 E-mail 通知,分模块的测试报告分析和支持 Maven 等其他系统的集成使用。

(4)支持更丰富的自动化管理,比如构件指纹(Artifact Fingerprint)的功能,即每次代码构建的结果都被很好地自动管理,无须任何配置就可以方便地浏览下载。

2. Jenkins 的基本工作流程

通过图 3.3 可以看到,Jenkins 需要调用分布式版本控制系统,如 GitLab 所存储的软件代码,结合其他自动化测试工具和软件镜像管理软件实现统一的自动化测试和软件发布部署的流水线,最终实现持续交付的能力。

ITIL 与 DevOps 服务管理案例实践

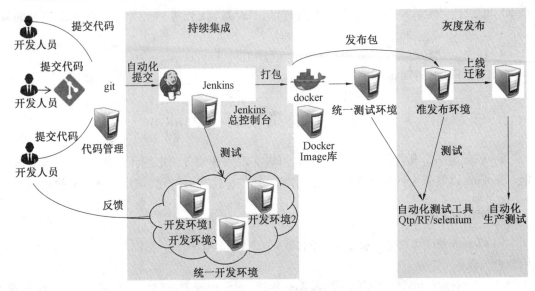

图 3.3　应用 Jenkins 的持续集成流程图

3.12　静态代码审查利器 SonarQube

SonarQube 是一款静态代码的检查工具,通常采用 B/S 架构,即 Web 应用程序的范畴。SonarQube 拥有检查代码缺陷、改善代码质量和提高开发速度等诸多功能。类似于其他的自动化测试工具,SonarQube 也是通过插件的形式,方便灵活地支持 Java、C++和 JavaScripe 等 20 多种编程语言的代码质量管理与具体的代码功能检测。

从 SonarQube 的名称中包含 Qube 可以看出,此工具具备一定的数据分析和挖掘的功能。SonarQube 通过客户端插件分析待测程序的源代码,SonarQube 的插件形式多样,包括 IDE 插件、Sonar-Scanner 插件、Ant 插件和 Maven 插件等。利用插件的分析功能对待测源代码进行分析和扫描,并把分析扫描后的结果上传到工具自带的分析数据库中,通过 Sonar-Qube 的 Web 界面进行结果呈现和日常维护管理。

SonarQube 一般可以从以下七个方面来检测代码的质量:

(1)复杂度分布(Complexity)。识别复杂度高的代码区域,因为代码复杂度过高将难以

· 158 ·

理解，需要把复杂的测试结果发给开发人员，促使开发人员不断地发起代码重构的工作。

（2）重复代码（Duplications）。程序中包含大量复制、粘贴的代码而导致代码臃肿，SonarQube 可以展示待测源码中重复严重的地方。

（3）单元测试统计（Unit Tests）。统计并展示单元测试的代码覆盖率，使开发或测试人员可以清楚测试代码的覆盖情况。

（4）代码规则检查（Coding Rules）。通过 Findbugs、PMD 和 CheckStyle 等方法检查代码是否符合规范。

（5）注释率（Comments）。检查代码没有注释或注释很少的情况。若代码注释过少，特别是在开发人员变动后，其他人接手此代码就比较困难。如果注释过多，也不利于阅读。在这方面 SonarQube 会根据用户的代码实际注释情况给出合理化建议。

（6）潜在的 Bug（Potential Bugs）。通过 Findbugs、PMD 和 CheckStyle 等方法检测潜在的 Bug。

（7）结构与设计（Architect & Design）。找出递归和循环的使用情况，展示包与包、类与类之间的依赖，检查程序之间的耦合度等。

3.13　单元测试利器 JUnit

JUnit 是目前比较流行的基于 Java 语言的单元测试框架，它由软件专家 Kent Beck 和 Erich Gamma 共同发明确立，多数 Java 的开发环境都已经集成了 JUnit 作为单元测试的工具。Junit 的使用非常简单，只要在 Java 开发的集成开发环境（IDE）导入 JUnit 的 JAR 包就可以使用。如果想测试某一部分代码，只需要在待测的软件代码顶部加入 @Test 标识，Java 虚拟机就不用通过 Main 方法每次走主程序进行嵌套调用了，而是直接用鼠标点击需要测试的方法或类名，JUnit 会针对用户所期望的测试部分进行单元测试。换句话说，如果已经代入 JUnit 的类库，在 IDE 中就可以点击用户代码中的具体方法名、类名、包名或工程名，选择右键执行 JUnit 功能，Junit 就会分别测试对应的方法、类、包和工程中所有标注为 @Test 的代码。需要注意的是，JUnit 不能对静态修饰的方法和需要传参数的方法进行直接测试。

JUnit 是继承了 Java 的 TestCase 类库，并且通过类似插件的形式与 Java 的 IDE 开发工具（如 Eclipse）集成，支持图形化的查看方式，实时验证某个方法、类、包和工程的代码逻辑。

JUnit 是针对软件开发人员在执行某测试单元的白盒测试所需要使用的一种有效方法。

白盒测试是基于代码逻辑的测试,程序员知道被测试的软件如何完成功能和完成什么样的功能。在持续测试方面,JUnit 可以通过与持续集成和代码构建软件 Jenkins、Ant、Maven 和 Gradle 联合使用,从整个项目层面度量代码的质量。

3.14　配置管理利器 Ansible

DevOps 的持续部署流水线以强大的软件制品库和配置管理作为前提条件。Ansible 是一款开源的配置管理工具软件,自从被红帽(Redhat)收购后,Ansible 就衍生出了一个商用的 Ansible Tower 版本,进一步实现有别于传统配置管理功能的工作流引擎,其近乎自动化的工作流引擎成为配置管理界的新亮点,从而对 DevOps 所提倡的部署流水线的发布方式提供了很好的技术支持。

在这个设计从简的时代,Ansible 力主以简单精巧的设计保证一个复杂软件产品从配置层面的高可用性、可靠性和可扩展性的问题。Ansible 的通信默认是应用 SSH,基于 SSL 加密的通信方式实现终端开发人员和 Ansible 后台服务组件的通信链接。Ansible 还提供支持 Python 等大数据语言的 API 接口库,轻松实现在 IT 组织内部实现自动化运维所需的灵活配置资源的调用需求。

Ansible 工具的总体架构概览如图 3.4 所示。

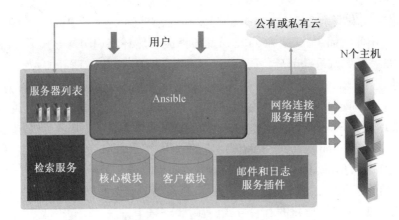

图 3.4　Ansible 设计的架构图

Ansible 工具的总体架构包括如下核心组件:

(1) 核心引擎。Ansible 内核部分的功能有点像 Linux 内核对 Linux 操作系统的重要性。

(2) 核心模块(Core Module)。Ansible 与大多数运维工具一样,其将自身的能力模块化,一个模块有点像编程中一个功能的 API 接口,要使用的时候调用接口并传参数就可以了。比如 Ansible 的 Service 模块,用户要保证其管理的某个 Service 处于启动状态,只需要调用 Service 模块,并配置该 Service 的参数名称,设置启动状态为 Started 即可。

(3) 客户化定义模块(Custom Modules)。可以支持客户化的二次开发。

(4) 插件(Plugins)。模块功能的补充,可以支持不同类型的插件,插件可以理解为外部成熟功能或模块的内嵌引用,方便快捷地继承更多的产品特性。

(5) 剧本(Playbooks)。可以理解为一种嵌入式的命令执行方式。通常 Ansible 完成任务的方式有两种,一种是 Ad-Hoc,就是 Ansible 命令,另一种就是 Ansible-playbook,也就是 Ansible-playbook 命令。它们的区别就像是 Command 命令行和 Shell Scripts。

(6) 连接插件(Connectior Plugins)。Ansible 默认是基于 SSH 连接到目标机器上执行操作的。但是同样的 Ansible 支持不同的连接方法,通过连接插件来实现此目的。

(7) 主机清单(Host Inventory)。为 Ansible 定义了管理主机的策略。一般小型环境下只需要在 Host 文件中写入主机的 IP 地址即可,但是到了中大型环境有可能需要使用动态主机清单来生成用户所需要执行的目标主机。

3.15 运维监控利器 Zabbix

在目前开源市场上,Zabbix 是所有商用监控软件的劲敌,因为 Zabbix 不仅是开源的,更是一款高度集成和具有丰富监控功能的软件,其以图形化展示和操作界面,提供了针对各种 IT 系统的系统参数、网络参数的分布式监控及告警。Zabbix 可以支持数十万服务器的实时监控,让系统管理员在海量服务器运维的环境中仍然能快速感知、定位,解决 IT 系统的诸多问题。

相对于其他监控软件,Zabbix 有如下优势:

(1) 安装与配置非常简单,学习成本低。

(2) 支持多种语言(包括中文)。

(3) 免费开源,维护志愿者众多。

(4)具有 Agent 和 Proxy 两种工作模式,非常适合构建分布式监控系统。

(5)能自动发现服务器和网络设备、自动注册主机、自动添加模板及分组。

(6)支持多种监控方式,适应复杂企业 IT 环境。

在 Zabbix 的两种工作模式中,Proxy 模式是最简单地集中式管理和分布式监控的架构模式。如果需要做到高度可扩展性的监控架构,一般推荐 Agent 模式。在 Agent 模式下,类似客户端代理的 Zabbix 的 Agent 会提前部署到需要监控的目标服务器上,实现对目标服务器所运行应用的实时监控。

3.16 DevOps 和 ITIL 助力企业数字化转型

无论是 DevOps 还是 ITIL 理论体系都是在促进传统企业转型为数字化企业,也就是企业的数字化转型。下面以传统的银行业为例诠释这场数字化转型之路。我国的银行业在 20 年前深受 ITIL 服务管理体系的影响,以国有五大行为代表的银行业先后都通过了 ISO20000 的认证,从此实现以流程管理为主导的完善服务管理体系。银行业对数据信息安全性高、业务交易量大、信息化要求具体而多样,可见其 IT 与业务绑定的紧密程度。

在过去的十多年里,IT 管理的理念是流程驱动型的管理模式,ITIL 的 V3 版在 2007 年发布以来就陈列了 26 个流程供人们选择,比如事件(或故障)管理、问题管理、变更管理、配置管理和服务级别管理等流程,这些都是现阶段在银行业中应用得比较成熟的流程。

随着近几年云计算、大数据和人工智能等诸多技术,以及 DevOps 工具链和 ITIL 4 价值交付理念的引入,IT 运维更是从传统运维向数字化运营转型。由简单的运维保障的"守门人"逐渐转变为业务价值发展和创新的"驱动者"。

近年来,各家银行纷纷成立科技公司并与各互联网巨头成立战略联盟,以金融科技为战略推进金融业务创新,创新的领域从金融产品、经营模式到业务流程等诸多领域。

下面通过 IT 运营的"切肤之痛",谈一下传统企业在 IT 服务管理方面的创新方向和思路:

1. 利用机器学习融合传统运维监控

传统监控系统为了达到数据中心或特定 IT 系统的运行保障能力,通常采用固定策略的规则引擎,针对监控策略的预警阈值也是固定的。固定的策略和阈值不适合动态的运营场景异常的捕捉。通过引入大数据、机器学习等技术,采集更多的运行数据,利用智能算法在各个监控指标上建立动态运行基线,并进行多维指标关联分析,逐步实现生产数据中心的运行状态监控,弥补传统静态监控能力不足的问题。可以监控的场景包括业务系统交易量、批量运行时长、设备资源和网络带宽资源等。

2. 利用大数据和机器学习建立安全感知和调用攻防策略

由于银行的很多数据都涉及钱财,因此银行业乃至互联网企业针对安全防控的压力日益增大,把风控作为银行业核心业务来抓。银行通过全面基础数据的采集,利用机器学习算法实现智能化的运营安全管控。比如,大银行全网的每日安全告警量可以高达几十万条,这已经远远超过人工进行及时甄别和处置的极限。机器学习和算法可以通过强大的云平台计算能力在浩如烟海的信息情报中及时捕捉到有用的告警或异常的信息,并通过预设的应急预案来执行必要的 IP 自动化筛选、网络端口的封堵和网络攻击的拦截等功能。

3. 利用物联网和生物识别建立综合安防

数据中心的机房设施的故障发现和维修更换不仅涉及银行内部管理人员的出入,还涉及外包人员的进出,这对数据中心和机房的安全管控带来诸多难点。因此,数据中心的物理访问和安全防控一直以来都可能成为运营管理的脆弱一环。通过物联网和生物识别技术搭建一套综合的安防体系,在日常设施巡检、维护时利用物联网技术实现设备的精准定位。同时,结合生物识别技术,对 IT 维护人员的进出及行进路线进行提醒和监控,降低误操作风险,并通过集中统一监控大屏来管理生产系统的运行状态。大屏或视图可以是三维呈现,通过数据关联,展示应用服务、设备、网络等各层面运行的状态及关联性的报警数据,实现运维监控全覆盖、运维状态全面可视化。

综上,传统银行业的 IT 运营是稳态的业务模式,以保障系统正常和可靠运行为首要目标。由于市场多变,全新的银行业务如互联网金融、远程银行和 PAD 手持设备以及大型综合银行业务办理设备接入等的不断涌现,IT 运营必须"独沐风雨,方见彩虹"。数字化转型是一条崎岖之路,银行业在保证安全和规范的前提下应该勇于创新,成为新一代信息化建设的领路人。

第4章 运营管理与持续改进

服务运营是按照与客户签订的服务级别协议,对终端用户实施服务,并且能够有效地管理相关应用、技术和基础架构来确保高效地完成日常服务支持的方案,从而确保客户和服务提供者的根本利益。由于服务运营是通过服务运营人员为终端用户直接创造价值的,因此服务运营最主要的目的就是在服务承诺的基础上成功实现服务的价值。本章通过服务运营的新趋势介绍和有效的运营案例与模板的介绍,阐述服务运营与持续改进为客户持续创造价值和收益。

4.1 运营管理新趋势

4.1.1 运营管理的新趋势

传统运维侧重于制度与流程的管理,随着科技的发展和技术的进步,传统运维必须吸收采纳高新技术的理念,在快速迭代的社会中成为不可或缺的重量级因子。

科技的巨变往往会带来全新商业模式或运营机会的产生。以服务为代表的IT运营需要考虑如何借力以提高当前的工作效率。以下是可以考虑的几个结合点:

1. 与大数据相结合

IT运营或服务工作者需要长期根植基础数据的调研和分析,将IT资产和配置管理不断完善,构建颗粒度相符的配置数据库(CMDB),初步实现数据梳理、筛选、统计等功能模块。与此同时,立足时下所需,对已经采集整理的数据进行条件识别、智能分析,并与各项应用系统关联,打造符合企业自身的信息模型(Information Model)。模型所关联的系统可以是资产系统、配置系统、工单系统、监控系统乃至ERP系统等。在不同系统间,建议数据的关联,最少实现配置系统与工单系统的对接、工单系统与知识库对接、问题工单和变更工单的关联。

通过模型内数据的不断积累,使大数据分析和决策成为可能。

2. 与人工智能结合

现阶段主要通过 AI 机器学习,认真分析每次故障的成因,筛选出故障的共性因子。当共性因子再次出现时,及时报警,同时完善共性因子。在时机成熟时把机器学习转为深度学习,通过实验模拟故障,让机器练习简单的自动恢复,慢慢完善,逐渐应用到实践中。

以下是一个与人工智能结合的智能运营的案例:

(1)智能人工服务。

自动运维系统可采用语音识别、语义分析、智能应答机器人等技术解放传统人工话务员,实现 7×24 小时在线接入服务,结合传统服务目录清单和服务优先级等参数,建立服务对象喜好及参数知识库,利用大数据算法,对人物进行精准画像和特质分析,提供有针对性的个性化服务,从而提高客户满意度。

(2)智能数据采集。

IT 服务管理系统以机器视觉和物联网为依托,对机房乃至数据中心的资产和配置数据进行自动化采集,并对采集数据进行数据清洗,从而实现采集数据正确性校验及补充。系统根据设置的清洗条件,对异常数据进行剔除和过滤,并对缺失数据进行补充,从而保证采集数据的准确性和完整性,为后期的大数据分析提供强有力的基础数据来源。

(3)智能故障告警。

以数据中心基础设施和应用以前发生的故障信息及其产生原因作为智能分析的基础数据,建立常见告警信息及故障产生原因模型训练库,并基于训练库中的基础数据持续进行模型训练和算法修订。

利用智能搜索及推理技术,对各基础设施的实时运行数据及历史数据进行全面对比分析,通过运用物联网技术对电压电流、机房环控和噪声分析等技术实现对机房基础设施的巡检,及时获取各电站的隐藏故障并进行告警提示,从而使运维相关人员在第一时间了解数据中心各个组件可能存在的异常情况。

(4)智能展示和决策。

利用数字化仪表盘建立统一视图来展现生产系统的运行状态,集中展现生产系统的整体运行状态。依据实时的科技运营数据动态展示系统的立体架构,建立应用各组件的关联关系,展示服务、应用、网络和设备等各层的运行状态以及关联的报警数据,使业务影响分析成为可能。

综上,大数据和人工智能的长足发展深刻影响 IT 运营的方方面面,以深度学习的精准算法和云计算的强大算力,必将使运维从被动到主动再到可预测性的管理成为可能。运营工作将因大数据和人工智能的发展而走向灿烂的明天。

3. 与物联网结合

利用物联网技术对运维工具进行改善,使用物联网工具,比如 RFID 传感器技术进行机房巡检,实现数据中心人员出入的精准跟踪和合理的路径规划。核心设备检修位置的精准导引、人脸和虹膜识别、指纹授权等技术可以广泛应用在数据中心日常管理中。物联网技术可以做到运维故障处置的可追踪、可回溯和可预测,使日常运维更加体系化、全景化、智能化和规范化。

4.1.2 运营职业的新方向

运维是要给企业带来价值的,而价值的鼻祖精益思想的建议是能够自动化的就不需要人为干预,因为人为会有误操作的可能。所以未来自动化运维(运营)和 AI 运维(运营)将是常态,目前有很多致力于打造这种企业数字化运营平台的企业,比如云智慧、阿里巴巴的云效和腾讯的蓝鲸等。这些云运维(运营)平台提供商推动了各行各业进行数字化运维体系建设,以及类似 IT 服务管理最佳实践 ITIL 所提倡的服务全生命周期的智能和高效运维管理。

这种运维(运营)自动化的趋势不可避免,时下的运维人员所面临的就是一场刻骨铭心的转型之旅。转型的出口有哪些?初步建议可以针对以下几个方向进行尝试:

路线 1:学习并利用 Python 语言和大数据算法,具备业务大数据分析和数据挖掘能力,成为行业业务分析专家。

路线 2:学习阿里云、腾讯云或微软云,成为云计算的行业专家或针对云解决方案的架构师。

路线 3:学习服务管理咨询方法论和 ITIL 服务管理体系,熟悉目前比较成熟的自动化运维和 AI 人工智能等诸多运维工具,成为 AIOps 的布道师。

4.2 运营管理模板

以下是基于以往运营经验总结的一系列服务运营模板,读者可以在日常运营管理过程中进行借鉴。

4.2.1 运营(运维)周报

运营周报

本周工作重点内容:

日常工作					
工作编号	工作内容	完成时间	工作交付成果	负责人	状态
1	日常问题管理跟踪	持续	《××问题跟踪》	××××	进行中(已完成)
2					
专项工作					
1	撰写运维绩效评估报告	××月××日	《××绩效评估报告》	××××	进行中(已完成)
2					

下周工作重点内容：

日常工作					
工作编号	工作内容	完成时间	工作交付成果	负责人	状态
1	日常问题管理跟踪	××月××日	《××问题跟踪》	××××	进行中（已完成）
专项工作					
工作编号	工作编号	工作编号	工作编号	工作编号	工作编号
1	参加运维月报会	××月××日		××××	
2					

重大决策：
　　如果有，请在此处注明

运营风险及应对：
　　风险：
　　应对：
　　责任人：
　　预计完成时间：

附件:

文档编号	文档名称	注释

文档分发:此文档将分发至如下个人

姓名	职务/职称
×××	××服务总监
×××	××服务经理

4.2.2 会议纪要模板

<h1 style="text-align:center">会议纪要</h1>

议题	××××例会		
会议时间	20××年××月××日	地点	××××会议室
参会人	客户代表:×××、××× ××××代表:×××、×××		
会议主持人	×××		
会议摘要			

1. ××××工作回顾

 (1) 回顾本周和计划下周工作的内容,并对相关事项提出改进建议。

 (2) 会议提出后期需要注意的重点如下:

①问题跟踪。需要针对问题有较深入的理解和改进建议。

②通过事故评估记录表来跟踪服务提供厂商的事故记录和责任认定。

③服务台工作侧重新入职服务台人员职责落实和知识管理。

④考虑人力分配问题,目前问题和变更导致的事故比较多,需要考虑人员工作的瓶颈问题。

2. ××公告规定的讨论

 (1) 讨论××公告的文档格式,并针对具体内容进行讨论。

 (2) 公告要有评估和审批环节,并要考虑事前预告和事后没有符合既定实施计划的公告环节。

后续重点任务

序号	任务	甲方负责人	乙方负责人	完成日期
1	印制相关制度文档,并张贴相关运维宣传海报	×××	×××	××月××日
2	定稿××公告规定	×××	×××	××月××日

会议纪要记录人	×××	会议纪要审核人	×××
分发清单	与会人员	抄送	××全体

第4章 运营管理与持续改进

4.2.3 会议(培训)签到表模板

会议(培训)签到表

会议名称	××××会			
会议时间	20××年××月××日			
会议地点	××××会议室			
会议主题	公布信息中心××××的要求			
姓名	项目组	职务	联系方式	
			手机	邮件地址(E-mail)

4.2.4 运营(运维)值班表模板

信息中心技术支持值班表
(20××年××月)

日期	××月××日 (周一)	××月××日 (周二)	××月××日 (周三)	××月××日 (周四)	××月××日 (周五)	××月××日 (周六)	××月××日 (周日)
8:00 ~ 17:00	刘×× * 李××	张××					
12:00 ~ 晚班	冯××						
日期	××月××日 (周一)	××月××日 (周二)	××月××日 (周三)	××月××日 (周四)	××月××日 (周五)	××月××日 (周六)	××月××日 (周日)
8:00 ~ 17:00							
12:00 ~ 晚班							

注：名字后带"*"号的人员负责填写值班日志，完成系统备份。

晚班人员负责夜间值班和紧急技术支持。

运营管理人员自行安排组内人员关于周末和节假日值班顺序。

4.2.5 运营(运维)服务改进计划

改进识别号 (Identifier)	改进目标(Mitigation Target)	改进的具体动作 (Activity)	负责人 (Owner)	目标完成日期 (Target Date)	备注 (Comments)
SIP1 (改进标识1)	建立××系统对外接口清单维护机制	建立××系统对外接口清单维护和变更通知机制，目前代码规划得不够合理，虽然可用但需优化。优化的初衷是改善接口的表现方式，提高接口的可维护性和后续的可扩展性	李××	20××年××月××日	此处可以列明对此次改进的具体动作和执行时间的记录

4.2.6 巡检报告单

巡检报告单
(20××年××月)

客户名称	××××		
巡检时间	20××年××月××日	巡检周期	每个月

服务名称	
服务类型	□开发测试 □安装实施 □运维支持 □产品功能测试 □巡检
服务方式	□现场 □E-mail □电话 □驻厂 □其他方式
客户接口人	
巡检具体内容描述或客户故障描述	
检查软件运行状况、分析备份软件日志情况,包括如下内容: ①EMC Networker 备份系统运行情况。 ②Oracle 和 DB2 系统备份情况。 ③服务器硬件情况。 ④关键应用文件系统备份情况。 ⑤SAN 存储节点运行情况。	
1. EMC Networker 备份系统运行情况	
此处列出巡检的结果	
2. Oracle 和 DB2 系统备份情况	
此处列出巡检的结果	
3. 服务器硬件情况	
此处列出巡检的结果	
4. 关键应用文件系统备份情况	
此处列出巡检的结果	
5. SAN 存储节点运行情况	
此处列出巡检的结果	
6. 总结问题及处理措施与建议	

第4章 运营管理与持续改进

此处为巡检的最终结论和处理意见等信息	
客户签字： 年　月　日	巡检工程师签字： 年　月　日

4.2.7 故障(问题)单跟踪表

故障(问题)单跟踪表

故障或问题类型	应用或系统名称	应用或模块名称	任务描述	目标解决时间	登记时间	分派时间	受理人	受理时间	升级时间	实际解决时间	关闭时间	投入的工作量(小时)	是否是一次性解决	解决方案是否作为知识条目添加到知识库

注:运营团队的组长或经理作为提交到运维团队所有故障或问题单的统一入口,对任何一个需要团队解决的故障或问题单,组长或经理总控每个故障或问题单的分派时间、受理时间、目标解决时间、实际解决时间和受理人投入的工作量。

4.2.8 事故报告

××公司事故报告

第×期

××部门　　　　　　　　20××年××月××日

关于××××故障事故报告

一、事故情况

20××年××月××日××点××分××××地点发生×××××情况,影响范围是×××××,当前恢复状态时××××,总共影响时间共××小时。

二、事故的分析和解决

事故发生后,××××立即组织力量分析和排查故障,并及时发布运维公告。本次事故原因是××××。采取的具体措施和步骤是××××,各个系统的恢复时间是×××××。

三、改进措施

(1)加强××××工作。
(2)制定××××业务系统应急预案。
(3)优化××××配置,减少单点故障。

4.2.9 运维公告

关于×××的通知

××××单位领导或同事：

由于××××原因，××××信息中心计划于××××对××系统进行维护。在此期间，以下办公室内的 Internet 网络和电话服务将会受到影响。具体的信息如下：

影响区域	开始时间	结束时间	影响	备注
信息中心 1 楼办公室	××月××日 ××:××	××月××日 ××:××	办公室内的有线和无线网络、电话语音服务届时将会有一次 5～10 分钟的中断	内网不受影响
信息中心 2 楼办公室	××月××日 ××:××	××月××日 ××:××		

由此给您带来的不便我们深表歉意，感谢您的支持和配合！

若有问题，敬请致电 IT 服务台！

××××信息中心

20××年××月××日

4.2.10 资产维护表

资产维护表

文档编号：　　　　　　　　　　　　　　　　　　　　　　　　　　　　年　　月

资产编号	资产分类	数量	资产供应商名称	采购日期	使用年限	入库日期	失效日期	调拨日期	当前使用部门	部门责任人	资产介质存放的位置	资产对应设备型号	设备类型	设备所在机柜编号	设备所在机房	资产记录登记时间	资产当前状态

注：信息中心统一通过一张表单维护所有的软件资产。
资产当前状态为已采购、已入库、已分发、已过期等。
资产介质存放的位置包括 FTP 文件服务器的路径和物理存放地等信息。

4.2.11 知识管理条目

【创建日期】20××年××月××日

【创建人员】××××

【归属地区】××××

【归属部门】××××

【更新日期】20××年××月××日

【更新人员】××××

【审核日期】20××年××月××日

【审核人员】×××

【审核状态】通过/未通过

【安全级别】一级/二级/三级/四级

（注意：建立知识库知识的保密级别。根据普通客户、VIP客户、内部员工等不同用户角色开放不同的权限。具体权利设置如下：

一级：对所有用户开放，包括客户及内部员工。

二级：对VIP客户及内部员工开放。

三级：对内部员工开放。

四级：仅对部分有权限的岗位或角色开放。）

【问题标题】因×××无法操作，××不能办理××××的解决方案。

【研究状态】处理中/已知错误/已解决/关闭未解决。

【分类代码】××××（请参照附录中的分类代码定义）。

【问题来源】重大故障/SLA违背/变更失败/发布失败/经理请求/客户请求/主动趋势分析/流程行为分析/其他。

根源问题分析(RCA)

【问题描述】

××××××××××××× ×××××××××××××

【原因分析】

××××××××××××× ×××××××××××××

（注意：对每一个针对此问题根源的假设，需要连续层第式问五个Why，并做出回答。具体的回答格式如下：

Why#1：为什么这个问题会发生？

Why#2：为什么Why#1会发生？

Why#3：为什么Why#2会发生？

Why#4：为什么Why#3会发生？

Why#5：为什么Why#4会发生？）

【解决方案】

×××××××××× ××××××××××××(注意:可以在此处插入附件。)

【潜在影响】

××××××××××(注意:列出此问题的风险和可能的潜在影响。)

【关联单号】

××××××××××(注意:列出和此知识条目相关的事件单、故障单、问题单、变更单和发布单。)

【引用次数及排名】

××××××××××(注意:可在以后知识管理工具中实现。)

4.2.12 系统变更申请单

系统变更申请单

申请日期:20××年××月××日　　　文档编号:×××××××

变更级别	□重大变更 ■一般变更 □简单变更 □标准变更	计划变更时间	20××年××月××日××时至××日××时
变更节点	■生产××××× □灾备: □其他	变更提出单位	×××组
		单位负责人	×××
变更类别	■主机 □中间件 □数据库 □存储 □应用/□其他	变更性质	■永久性 □临时性(　　天)

关联的故障单号	空	关联的问题单号	空
关联的配置项信息	服务器的名称、Model Type、Serial Number 和 IP 地址等信息		
变更操作人	×××	变更核对人	×××
变更原因			
变更目标			
给系统带来的影响和变化			
变更方案	阐述变更主要内容和具体的方法。如果有多种方法,比较其优劣,最终建议一种方法或解决方案		
应急预案或回退计划	此处要有应急预案或回退计划的具体描述。可以插入附件,如参考《×××××××》回退步骤部分		
变更执行步骤	此处要列出具体的变更步骤、时间点和需要配合的相关项目组的步骤和时间点信息。可以插入附件,如参考《×××××.doc》实施步骤部分		

变更可行性分析	可以把原厂商的建议或风险评估列到此处
变更测试结果	变更一定有测试,这里列出测试结果
变更初审	变更核对人员初审 初审人邮件或会议审批记录,可以插入附件
变更复审	变更审查岗复审 复审人邮件或会议审批记录,可以插入附件
变更批准	由变更经理批准 变更最终批准人邮件或会议审批记录,可以插入附件

4.2.13 系统发布申请单

系统发布申请单

申请日期:20××年××月××日　　　　　　　文档编号:×××××

基本信息 (发布申 请人填写)	申请人		手机	
	申请人公司及部门			
	发布归属系统名称			
	发布类型	新增业务需求/功能完善/性能优化/修复 Bug		

第4章　运营管理与持续改进

评审内容（发布申请人填写）	发布简介	发布简要说明	
	发布计划	开始时间	年月日+时分
		结束时间	年月日+时分
	发布执行说明	介绍本次发布如何执行以及注意事项等	
	关联需求单号	触发本次发布的需求单，没有写无	
	关联变更申请单号	触发本次发布的变更申请单，没有写无	
	针对此次发布的运维公告内容	如需发公告则填写内容，如不需发公告则填写无（服务台在发布前负责统一以邮件的形式发出）	
	发布包说明路径	本次发布包内容的详细说明文档路径，可附文档实体	
	测试报告路径	本次发布包所有补丁的测试方案及测试结果文档路径，可附文档实体	
	回退计划	假如发布失败的回退方案及计划，包括相关人员联系方式及升级机制	
	操作手册路径	本次发布的操作手册文档 VSS 路径，如不需提交则填无	
评审记录（评审人员填写）	专家评审意见	尽量填写详细，比如发现了什么问题，尽量不要只填写"通过"	
	高层领导评审意见	同上	

·183·

发布及验证（发布和验证人员填写）	实际发布时间	开始时间	年月日+时分	
		结束时间	年月日+时分	
	发布人		手机	
	发布日志路径	发布日志路径,可附文档实体。由发布人员填写		
	验证人员		手机	
	验证结果路径	由验证人员填写		
	验证时间	年月日+时分		
发布评分	评分人		评分时间	年月日+时分
	评分结果	评分结果,理由及评价		

4.2.14 系统机房配置调研表

可以通过每个机房一个调研表文件的办法来具体实现数据中心的简易配置管理,每个文件需要注明维护人、更新周期要求(如每周更新)、机房名称、机房地址、机房联系人及电话等信息。以下是建议的配置项内容:

机房设备清单

网络区域	机柜编号	设备配置项编码	设备类型	设备名称（用处）	品牌 BRAND	Model Type	序列号（Serial Number）
DMZ/Trust							

第4章　运营管理与持续改进

设备接口号编码（如果有多条,请分别列出）	对应对端上行/下行链路网络或物理设备接口编码（如果有多条,请分别列出）	虚拟机（VM or LPAR）或主机名称	虚拟机（VM or LPAR）或主机IP地址	虚拟机（VM or LPAR）或主机本地硬盘的类型、转速、大小及个数	虚拟机（VM or LPAR）或主机本地存储空间（GB）	虚拟机（VM or LPAR）或主机本地存储剩余空间（GB）	虚拟机（VM or LPAR）或主机所在VLAN号码
虚拟机（VM or LPAR）或主机的子网掩码	虚拟机（VM or LPAR）或主机的网关IP地址	虚拟机（VM or LPAR）或主机的CPU数量（个）	CPU的频率（GHz）	CPU峰值使用的百分比（%）	虚拟机（VM or LPAR）或主机的内存大小（GB）	内存峰值使用的百分比（%）	共享存储（NAS）的IP地址（如没有,可写无）
共享存储（NAS）所分配的容量（GB）（如没有,可写无）	共享存储（NAS）硬盘的类型及转速（如没有,可写无）	关联的SAN存储的WWPN号码（如没有,可写无）	分配SAN存储的存储空间（GB）（如没有,可写无）	SAN存储的剩余存储空间（GB）（如没有,可写无）	SAN存储硬盘的类型及转速	设备购买年份	管理员账号（可在他处记载）
管理员密码（可在他处记载）	设备起停规程和脚本（可以插入附件）	设备责任人	责任人联系电话	是否由××运维	设备维保厂商名称	维保厂商联系电话	维保合同（可插入附件）

应用和数据库清单

网络区域	应用所对应的外网或内网域名	所在虚拟机（VM or LPAR）或主机名称	虚拟机（VM or LPAR）或主机IP地址	操作系统及版本	数据库类型及版本	数据库或实例名称	数据库大小(GB)及每年的增长比率
DMZ/Trust							
保存几年的在线数据和离线数据	离线数据所对应的存储设备名称及用处	中间件类型及版本	中间件域名及起停脚本名称	该应用最小的出口带宽的要求（QoS）（GB），没有写无	是否启用应用负载均衡	负载均衡设备或应用名称	负载均衡设备或应用配置项编码
.							
负载均衡IP地址	是否是集群（Cluster）	此系统需要调用的其他系统名称和接口定义列表（可以插入附件）	是否由××运维	负责应用的支持组名称	应用责任人	责任人联系电话	服务或运营级别协议（可插入附件）

网络 ACL 访问控制说明

设备或应用类型	设备或应用名称	原虚拟机（VM or LPAR）或主机名称	原虚拟机（VM or LPAR）或主机IP地址	原虚拟机（VM or LPAR）或主机子网掩码	原 VLAN（PVLAN）号码	原网络区域	目标虚拟机（VM or LPAR）或主机名称
						DMZ/Trust	
目标虚拟机（VM or LPAR）或主机IP地址	目标虚拟机（VM or LPAR）或主机子网掩码	目标VLAN（PVLAN）号码	目标网络区域	服务协议	开放的端口号		
			DMZ/Trust	UDP,TCP	如 UDP161,TCP443,TCP22		

机房设备健康检查表

设备名称	机柜编号	设备配置项编码	检查内容	检查方法	自动监测系统的名称及版本号	监测系统的支持厂家名称	厂家联系人
DMZ/Trust			指示灯是否正常/系统监控扫描				

厂家联系方式	检查参照的标准（如××规程）	检查周期及时间	检查结果	检查人	检查人电话
		每天/每周每月/每年	符合/不符合		

应用系统健康检查表

系统或软件名称	所在虚拟机（VM or LPAR）或主机IP地址	检查内容	检查方法	检查参照的标准(如××规程，没有写无)	检查周期及时间	检查结果	检查人	检查人电话
		服务是否启动	人工观察		每天/每周每月/每年	符合/不符合		

应用系统的网络负载和客户端情况

系统或软件名称	虚拟机（VM or LPAR）或主机名称	网络区域	VLAN（PVLAN）号码	虚拟机（VM or LPAR）或主机IP地址	应用对网络带宽QoS的要求（上行(M)/下行(M)）	最大带宽占用(%)	实际用户数
		DMZ/Trust			10m/10m	上行10%/下行60%	
最大终端连接数	终端机器的配置说明						

应用系统备份情况检查表

备份的组策略名称	备份或归档的启动时间	备份或归档的频率	备份客户端名称	备份文件列表	检查日期：20××年××月××日	检查日期：20××年××月××日	检查日期：20××年××月××日
×× policy	23点	每天/每周五（六、日）			V	V	V

注：1. 某一检测日期如果发生备份操作，并成功完成，标记为"V"；发生备份操作，未成功完成，标记为"X"；当天未发生备份操作，标记为"N/A"；

2. 在备份检测表格中，需要在标记为"X"的栏位记录处理该备份故障的事件单编号和完成状态，并做到持续跟踪。

ITIL 与 DevOps 服务管理案例实践

4.2.15 岗位职责

运营组织应该对所辖运营(运维)岗位有岗位职责一览表,即所有的岗位职责说明,下面对几个典型的岗位职责进行模板使用的举例说明。

1. 岗位职责:服务经理

BASE INFORMATION 基本信息			
Job Title 职位名称	服务经理		
Department 部门	服务部	Location 工作地	××
Direct Report to 直接汇报	部门经理	Indirect Report to 间接汇报	总经理

MAIN JOB SUMMARY 主要工作概括
(Briefly state in one or two sentences the primary purpose of the job in terms of how the job contributes to the accomplishment of your department's objectives.)
负责 IT 服务管理工具的持续优化,创新服务产品的研发、售前与交付等工作,重点的创新服务包括新开店和外包服务等
协同现有服务资源,保障服务规范可高效运作。通过日常运维工作的梳理和总结,不断提升客户服务质量

JOB ACCOUNTABILITIES 工作职责(Please State in Priority Order)	% of Time
负责创新服务产品研发与拓展,比如新开店、外包服务、IT 服务管理工具的优化和创新	50%

VIP 或重点客户日常报障的响应和跟踪,保证工单解决率、响应率和工单解决方案的质量	20%
负责回复服务质量管理经理受理的投诉,并跟进投诉处理结果	10%
负责评估管理范围内客户的服务成本,为销售经理提供参考	10%
负责将客户档案、软件版本、制定升级、巡检计划等更新信息发送给服务质量管理经理	5%
可以协助服务销售向客户陈述服务方案,完成服务方案的编写	5%

WORK RELATIONSHIP 工作关系	
Internal 内部	服务部
External 外部	公司其他部门和客户代表及高层主管

QUALIFICATIONS 任职要求	
学历专业要求	大学本科以上学历,计算机相关学历
工作经验要求	从事项目实施、服务运维及管理工作 3 年以上
素质能力要求	熟悉服务事业部的运维管理规范及流程
	良好的沟通和协调能力
	了解公司各行业产品线的划分和适用行业,公司内部架构组织
	有一定的文字编写能力,可以完成投诉函、服务报告编写等
	建议持有运维管理相关证书,如 ITIL、PMP 证书
其他要求	具有项目运维管理经验者优先考虑

2. 岗位职责：客户经理

BASE INFORMATION 基本信息			
Job Title 职位名称	客户经理		
Department 部门	服务部	Location 工作地	××
Direct Report to 直接汇报	服务部总经理	Indirect Report to 间接汇报	分管副总裁

MAIN JOB SUMMARY 主要工作概括
（Briefly state in one or two sentences the primary purpose of the job in terms of how the job contributes to the accomplishment of your department's objectives.）
作为客户的主要联系人处理服务相关的询问和目前的问题，确保持续性的服务能够满足客户的需 求；制订客户的年度服务发展计划，签署服务级别协议合同文件和定期召开服务回顾会；依据部门 标准规范和客户合同协议约定，检查实际服务交付质量；发现服务改进的机会，持续改进项目运维服 务水平

JOB ACCOUNTABILITIES 工作职责（Please state in priority order）	% of Time
负责提交客户的年度服务发展计划，并协调支持服务事业部资源，跟进落实计划的完成	20%
负责与客户的定期沟通和签署服务级别协议合同文件。在合理的成本控制下积极地提高服务的级别，并收取相应的服务费用	20%

第 4 章 运营管理与持续改进

负责与客户沟通和协调,处理来自客户的服务请求,定期与客户召开服务回顾会议,讲解服务报告。监控和提高客户的满意度	20%
依据事业部既定的运维标准规范和客户合同协议约定,检查实际服务交付质量	20%
协调跟踪解决项目及运维过程中发生的重大事件和投诉问题,跟进事件和问题的处理,保障事件和问题处理的关闭率和及时率,提出改进的措施和计划,并落实执行	10%
协助项目及运维团队建设和管理,及时把团队成员的表现反馈给支持服务事业部的服务经理或总经理	10%

WORK RELATIONSHIP 工作关系	
Internal 内部	服务部
External 外部	公司其他部门和客户代表及高层主管

QUALIFICATIONS 任职要求	
学历专业要求	大学专科以上学历,市场及管理专业
工作经验要求	从事客户管理工作 2 年以上,有一定的零售 IT 行业背景经验
素质能力要求	建议持有运维管理相关证书,如 ITIL、PMP 证书
	熟悉支持服务事业部的运维管理规范及流程,建议具有团队管理经验
	沟通能力强,注重团队协作,有较强的学习能力
	擅长合同文档作业、客户服务发展计划、服务报告讲解能力
其他要求	具有项目运维管理经验者优先考虑

3. 岗位职责：助理顾问经理

BASE INFORMATION 基本信息			
Job Title 职位名称	助理顾问经理		
Department 部门	服务事业部	Location 工作地	××
Direct Report to 直接汇报	顾问经理	Indirect Report to 间接汇报	总经理

MAIN JOB SUMMARY 主要工作概括
（Briefly state in one or two sentences the primary purpose of the job in terms of how the job contributes to the accomplishment of your department's objectives.）
作为客户咨询项目的主要参与人员，协助咨询顾问经理按照标准咨询方法论处理IT治理及服务管理相关咨询工作；定期与客户进行沟通，参与咨询解决方案的撰写与演示；辅助完成咨询方案交付，有效满足客户期许的投资回报（ROI） 关键词：咨询顾问、IT治理、ITSM、IT服务管理、ITIL、方案交付、投资回报、ROI、数据（统计）分析

JOB ACCOUNTABILITIES 工作职责（Please state in priority order）	% of Time
负责与客户访谈数据的编排整理及初步处理分析	10%
负责收集并整理咨询项目有关文件并对项目相关记录进行归档	10%
协助项目顾问或顾问经理完成IT治理及服务管理制度流程梳理后的文案化工作，如协助整理演示文件和汇报材料等内容	20%
协助项目顾问或顾问经理与客户沟通并最终成功交付咨询方案	30%
能够独立完成简单的财务投资回报（ROI）和数据分析工作	10%
能够独立完成一些简单程序脚本的编写工作(非必需)	10%
协助项目团队成员完成日常工作中的行政及事务类工作内容，如预订会议室、发送会议邀请、预订酒店/机票等	5%
能够按时完成部门主管及领导分配的其他职责或任务	5%

WORK RELATIONSHIP 工作关系	
Internal 内部	服务部
External 外部	公司其他部门和客户代表及高层主管

QUALIFICATIONS 任职要求	
学历专业要求	重点大学本科以上学历,财务、信息管理、数学(统计)分析、工商(企业)管理等相关专业优先考虑
工作经验要求	应届毕业生或工作 1~2 年,有一定的零售 IT 行业背景经验者优先考虑
素质能力要求	建议持有运维管理相关证书,如 ITIL 基础认证
	为人乐观积极向上,能够在工作中承受相对较高的压力和挑战
	具有良好的工作态度,可以认真独立完成工作
	沟通能力强,注重团队协作,有较强的学习能力
	熟练使用微软的办公软件包括 PPT, Excel, Word 等
	擅长文档作业和方案讲解能力
语言要求	流利的汉语和英语(可选)表达,良好的口头和书面沟通能力

4. 岗位职责：IT 服务管理工具开发维护工程师

BASE INFORMATION 基本信息			
Job Title 职位名称	IT 服务管理工具开发维护工程师		
Department 部门	服务部	Location 工作地	××
Direct Report to 直接汇报	顾问经理	Indirect Report to 间接汇报	总经理

MAIN JOB SUMMARY 主要工作概括
（Briefly state in one or two sentences the primary purpose of the job in terms of how the job contributes to the accomplishment of your department's objectives.）
负责 IT 服务管理工具现有功能的优化、新功能的开发和维护 关键词：ITSM、IT 服务管理、ITIL、.NET、微信公众号

JOB ACCOUNTABILITIES 工作职责（Please state in priority order）	% of Time
负责 IT 服务管理工具现有功能的优化、新功能的开发和维护	60%
负责根据指定的方向研究新技术，并且攻克难点	30%
能够按时完成部门主管及领导分配的其他职责或任务	10%

WORK RELATIONSHIP 工作关系	
Internal 内部	服务部
External 外部	公司其他事业部和客户代表及高层主管

QUALIFICATIONS 任职要求	
学历专业要求	大学本科以上学历，计算机和数学等相关专业优先考虑
工作经验要求	从事 Java、.NET 或微信公众号开发工作至少 2 年
素质能力要求	建议持有运维管理相关证书，如 ITIL 基础认证
	具有良好的工作态度，可以认真独立完成工作
	具有团队合作精神，能够承受工作压力，工作积极主动性高，热爱开发工作，逻辑思维和学习能力强，沟通能力强
语言要求	流利的汉语和英语（可选）表达，良好的口头和书面沟通能力

4.2.16 IT 服务运维人员简历

下面是 IT 服务运维人员的个人简历样例，仅供参考。

个人简历

姓　　名　　×××
应聘职位　　IT 运维组长（工程师）
性　　别　　男/女
国　　籍　　中国
联系方式　　(86) 13××××××××
离职期　　　面议（预计一个月左右）
外语水平　　英语流利

个人的概况和分析:

在 IBM 的全球 IT 服务外包部门工作过 3 年,在中国本土的 IT 公司工作过 2 年,熟悉中西文化背景并充分了解中西方的工作生活方式。担任过 IT 运维组长和 ERP 软件工程师等职务。

熟悉项目管理(PMP)和 ITIL 服务管理理论。

近期负责过的一些项目包括:

03/20××—03/20××　澳大利亚和新西兰数据中心服务器集成项目
运维组长
- 负责数据中心基于 IBM P 系列的服务器的系统和系统集成
- 与 IBM 的产品专家一起审核执行的流程,并创建关于 AIX 操作系统、DB2、TSM 等的安装指南
- 执行服务器的缺陷攻击测试,服务器的健康检查,制定服务器的安全管理和配置管理

02/20××—02/20××　欧洲、中东、非洲项目服务器维护项目
运维工程师
- 处理 AIX 操作系统的 7×24 小时二级和三级问题和系统变更
- 设计并书写关于 AIX 操作系统的脚本对客户服务器和网络进行健康检查
- 总结所有已经发生的问题解决方案,写英文的操作手册和审计报告
- 提供对 IBM ITM、NIM、HMC、TSM 和 HACMP 的支持

01/20××—01/20××　ERP 服务开发项目
ERP 软件工程师
- 为 ERP 的核心模块总账、进销存和 MRP 系统提供详细设计文档
- 应用开发软件完成 ERP 前后台模块的编码工作,包括总账款、分立账款、采购和销售订单流程等
- 提供日常的系统维护,包括 ERP 系统监控、数据备份与恢复和服务的健康检查等

· 198 ·

第4章 运营管理与持续改进

证　书

ITIL 4——IT 服务管理认证
（IT Infrastructure Library）

PMP 项目管理认证
（Project Management Professional Certification）

MICROSOFT 认证的系统工程师
（Microsoft Certified Systems Engineer）

主要技术专长：
操作系统（Operation Systems）
- AIX，Windows 20××，Red Hat Linux

程序设计语言（Programming Language）
- C#，VB.NET，Java，C/C++

4.2.17 面试情况跟踪表

注:本面试情况跟踪表要求所有主导面试人在面试应聘者过程中填写

应聘者姓名	×××	应聘职位	助理顾问
关于简历中内容的核实(是否在本公司面试过) 　　调查方式:电话访谈及背景调查 　　注释:请打叉选择 　　　学历核实:☐属实　　☐不属实 　　　背景核实:☐属实　　☐不属实 　　　证书核实:☐属实　　☐不属实 　　　　　　　　　　　　调查人:×××　　　　日期:20××年××月××日			
第 一 轮 面 试(专业面试)	时间:20××年××月××日		
沟通能力　优☐☐☒☐☐差 团队能力　优☐☒☐☐☐差 可 塑 性　优☐☒☐☐☐差		创新能力　优☐☒☐☐☐差 技能水平　优☐☐☒☐☐差 工作经验　优☐☐☒☐☐差	

面试时主要问题及答复	技术考核级别： 初级□ 中级☒ 高级□
×××本科为信息管理专业，有一定的财务和统计分析的基础。×××学校实行交换学生制度，曾经在澳大利亚和美国学习或实习过，有一定的英语基础和国际视野。×××在之前的公司有基本的需求分析和项目管理概念，并且对软件开发的整体过程有一定的理解。通过面试的交流看出×××的基本素质不错，并且对未来有一定的个人规划。由于工作经验有限，目前欠缺对ITSM顾问的基本技能和修炼的认识。	考 核 方 式： 笔试□ 机试□

面试意见		技术考核人：××
□ 转入下一轮复试 ☒ 建议录用 □ 不录用 □ 建议到其他部门或角色任职	评价要点（请详列在各方面的优点、特长及不足）（下一轮复试的时间及面试人；建议录用的职位、待遇、试用期；不录用的原因；推荐到其他部门或职位的说明） 　　专业对口，个人素质比较好，有一定的项目和服务实施经验。 　　通过综合评价，可以作为下一轮面试的候选人之一。 　　面试人：×××　　　　日期：20××年××月××日	考核时间： 20××年××月××日

第 二 轮 面 试（专业面试）		时间：	
			入职日期： 部门： 职位： 职级： 直接主管： 工作属地： 工资总额： 手机费限额：
	面试人：	日期：	备注：工资总额包含技能工资、岗位工资和地区差。
第 三 轮 面 试（人事面试）			时间：20××年××月××日
应聘者为××届毕业生，在校期间，学习成绩优秀，多次获得奖学金。毕业后在××××公司担任 IT 项目执行/协调人员，有项目实施经验，组织策划能力良好。为人比较有耐心，易相处，沟通能力良好，但不够自信大方。对公司所在行业很感兴趣，加入公司的欲望比较强烈。综合素质良好，符合岗位基本要求，关键看用人部门考察岗位技术能力匹配度。			
		面试人：×××	日期：20××年××月××日
事业部总经理/部门负责人意见（签字）		人力资源总监（签字）	总裁意见（签字）

4.2.18 技能评估表

针对每个入职员工的所属岗位进行技能评估,可以先自评再互评,最后由其所属部门的经理确认通过。员工的技能评估表要定期更新和确认,最少要一年做一次。

对每一项具体技能按1~5打分,具体的打分标准如下:

1分为不知道,2分为了解工作内容,3分为可以从事任务项工作,4分为独立负责这项工作,5分为该项工作的专家,可以培训别人。

技能评估表基本信息				
评估的系统或模块	所需技能的描述	部门对该技能最低要求	评测人:张×	评测人:李×
××管理系统	熟悉系统的初装和配置	3		
	熟悉系统后台数据的导入导出或数据迁移	3		
	掌握系统管理的常见术语和业务规则	3		
	了解数据库表跟系统功能之间关系	3		
	熟悉系统功能界面操作并可以指导他人	3		
	可以通过异常信息找后台日志和查看程序	3		
	能够批量调整后台数据并清楚调整信息对业务的影响	3		
	清楚与其他系统之间的关联	3		
	具备系统及业务后台数据分析和报表处理能力	3		

注:评测人为自我评估岗位技能的人

4.2.19 培训记录

如果发现相关岗位的人员技能存在缺陷，需要及时发起有针对性的培训工作，并留有相应的培训过程记录，必要时可以把此项工作作为员工年终绩效考核的内容进行严格管理。

培训名称	培训内容或系统名称	培训原因说明	培训时间	培训讲师名称	培训学员列表	培训资料的文件路径	培训效果跟踪记录

4.2.20 邮件签名栏统一格式

运营主管在进行日常工作管理时需要规范所辖员工的基本操作行为。一个比较好的管理办法是可以先从其所属部门员工的签名栏开始做起。具体做法是规定每个员工所发邮件的签名栏需要统一，比如签名栏中需要列出员工的个人照片、具体联系方式、部门的年度目标和希望其他部门配合的内容。

4.3 持续服务改进

持续服务改进建立了服务全生命周期的各个流程内在的联系并强调服务或流程是一个不断往复和提高的过程，即持续服务改进是通过服务本身全生命周期的持续改进来保持服务对客户的价值。通常的服务改进措施包括设置度量指标，通过指标评估服务绩效，通过服务月报等手段发现改进机会再执行持续改进等。

为了帮助企业或组织实现自身的伟大航程和持续服务改进的目标，下面列出可以借鉴的绩效度量、服务报告和整体评估及持续改进模板，方便有这方面需要的企业或组织借鉴使用。

4.3.1 员工个人绩效评估

员工个人绩效评估表(20××年度)					第一季度	第二季度	第三季度	第四季度
员工姓名：　　　　员工编号：　　　　岗位类别：服务质量经理 直接领导：　　　　所属部门：									
		指标	权重	说明	得分	得分	得分	得分
工作结果	80%	服务报告符合内部质量管控的要求	25%	考核服务报告的准确度和服务数据分析的合理性				
		服务报告按时发送给相关人员（客户、大区、子区域），按时组织区域会议	10%	按照客户、大区、子区域反馈为准				
		协调区域运维人员工作规范，逐步提高服务水平，减少客户投诉	20%	组织管辖团队成员按规范记录工单、详细填写解决方案、跟进各自负责的工单按时响应，提高工单按时解决效率				
		能够及时跟进紧急事件或重大投诉，使客户满意	10%	以重大或紧急事件的解决和跟进效果为主				

员工个人绩效评估表(20××年度)

员工姓名： 员工编号： 岗位类别： 服务质量经理					第一季度	第二季度	第三季度	第四季度
直接领导： 所属部门：								
指标			权重	说明	得分	得分	得分	得分
工作结果	80%	能够严格控制交维过程的合规性	10%	交维效率的把握和客户信息在 e-Care 的及时维护				
		至少每半年进行一次管辖区域经理的满意度回访、反馈及跟踪	5%	以回访执行和回访结果为准				
态度/行为/能力	20%	A 态度：协同合作精神	8%	乐于与团队成员沟通，并乐于协助其他人工作				
		B 行为：遵守制度及职业操守	4%	如无迟到、早退、旷工等违反公司制度的行为				
		C 能力：基本能力有显著提升	8%	/				
季度评分								
年度总评分								

打分规则：	5分:特别优秀,成绩卓越 4分:超出水平,令人满意 3分:符合要求,可以接受 2分:期望之下,需要改进 1分:工作差劣,不可接受
综合考核等级说明：	A级:杰出(一般为4.5分以上) B级:超出水平(一般为4~4.5分) C级:达到要求(一般为3.5~4分) D级:需要改进(一般为3~3.5分) E级:不符合要求(一般为3分以下)

如果员工本人与考核经理对上述绩效指标达成一致：

员工签字：　　　　　　考核经理签字：　　　　　日期：

本人与考核经理对上述考核结果,指标完成　%达成一致：

员工签字：　　　　　　考核经理签字：　　　　　日期：

4.3.2 运营(运维)外包商绩效评估

运营(运维)外包商绩效初步评估报告
(20××年××月)

1. 月整体绩效分析

××月运营(运维)外包商运维的综合绩效相对于××月有所上升,主要原因是诸多应用系统的故障单完整性、故障单解决率和发布流程的整体绩效水平有所提高。综合各外包运维绩效指标,各外包商所对应的运营(运维)组的运维绩效情况见下表:

排名	组名称	本月绩效分值	20××年绩效平均值
第1名	××××1组	9.83分	9.09分
第2名	××××2组	9.55分	8.64分
第3名	××××3组	9.29分	8.86分
第4名	××××4组	9.27分	8.22分
第5名	××××5组	8.57分	9.17分
第6名	××××6组	8.32分	8.46分
第7名	××××7组	8.21分	8.55分

其中××××3组的绩效显著上升,绩效上升的主要原因是故障单的数量相对于上个月有显著下降;××××5组相对于上个月的绩效有所下降,绩效下降的原因是系统可用性降低。

2. 具体数据分析

2.1 信息系统可用性指标

××月××日××:××—××:××,××××系统××模块操作出现异常,影响约××分钟。××月××日××:××—××:××,××系统无法正常访问,影响约××分钟。

第4章 运营管理与持续改进

信息系统	20××年××月系统可用性（%）	业务中断时长（分钟）
××1 系统	99.93%	5
××2 系统	100%	0
××3 系统	100%	0
××4 系统	100%	0
××5 系统	100%	0
××6 系统	100%	0
××7 系统	100%	0

注释：可用性公式=（当月服务承诺时间−当月累加的非计划中断时间段×影响系数1×影响系数2）/当月服务承诺时间×100%（此计算不包括计划中断时间）

影响系数1：影响发生在周六、周日，系数为1；工作日，系数为3；如果还影响到关键账期、国家法定节假日或重要的用户，系数为10；

影响系数2：可用性要求较高的系统，系数为2，包括××1系统、××2系统和××3系统，其他系统系数为1。

2.2 运维组绩效指标情况

支持组名称	故障单数量变化的比率	故障单解决率	应用异常类故障单的比率	故障单按时解决率	故障单完整性	系统可用性	绩效分值平均值
××××1 组							
××××2 组							
××××3 组							
××××4 组							
××××5 组							
××××6 组							
××××7 组							

绩效评估打分参照办法：

（1）故障单数量变化的比率：分值 8 分基本分，故障单相对于上个月减少 50% 以内（包括 50%），分值加 1 分；减少 100% 以内，分值增加 2 分。故障单相对于上个月增加 50% 以内（包括 50%），分值减 1 分；增加 100% 以内，分值减 2 分；增加 100% 以上，分值减 3 分。

（2）故障单解决率：故障单的解决率＝100%，为 10 分；≥95%，为 9 分；≥90%，为 8 分；≥80%，为 7 分；≥60%，为 6 分；其他为 5 分。

（3）应用异常类故障单的比率：应用异常类故障单占整个故障单的比率≤20%，为 10 分；≤50%，为 9 分；≤70%，为 8 分；≤90%，为 7 分；其他为 6 分。

（4）故障单按时解决率：>85%，为 10 分；>70%，为 9 分；>50%，为 8 分；其他为 7 分。

（5）故障单完整性：每月对指定组抽查 10 个故障单，10 分为基本分，每发现一个不完整故障单扣 1 分。如果成功解决的故障单没有详细的处理意见、必填项没有填（如影响度、描述等）、过程记录存在缺失的现象视为该故障单不完整。

（6）系统可用性：由于应用自身的原因引发指定应用系统的可用性比率，如果由于非应用自身原因导致可用性降低，此指标不纳入组当月的绩效考核，可用性＝100%，为 10 分；≥99.99%，为 9 分；≥99.9%，为 8 分；≥99%，为 7 分；≥98%，为 6 分；其他为 5 分。

3. 改进建议

建议运维组长作为提交到本组的所有故障单的统一入口。对任何一个需要组解决的故障（事件）单，运维组长总控故障单的分派时间、受理时间、目标完成时间、实际完成时间和项目成员投入的工作量，这些信息需要及时地通过故障（事件）跟踪表来统计。

4.3.3 整体运营（运维）服务报告

整体运营（运维）服务报告
（20××年××月）

1. 概述

××月信息系统运行情况基本正常，并保持了较高的系统可用性。主要影响事件有：××月××日××××系统登录缓慢，影响约××分钟；××月××日××××系统短信发送延迟，影响约××小时××分钟；××月××日因××××系统接口访问异常，持续时间约××小时××分；××月××日××××系统部分公文无法打开，影响××小时××分钟。

××月信息系统运维故障(事件)单总数××个,较上月减少××个,环比下降×%。已解决故障(事件)单××个,按时解决率××%,较上月增长了×个百分点。

信息系统变更发布方面,本月××××系统程序发布×次,××××系统程序发布×次,××××系统程序发布×次,都不存在发布失败或应急回退的情况。

2. 分项处理情况

2.1 各运维系统故障(事件)单统计情况

系统名称	故障单提交总数	未解决数量	已解决数量	故障单按时解决率	故障单填写完整性	一次性正确指派故障类型的比率	一次性正确指派故障优先级的比率
××××系统							
××××系统							

2.2 各运维系统的典型故障(事件)分析

(1)××××系统部分公文无法打开,影响××小时××分钟。

××月××日××点××分××××系统某应用服务器异常重启,管理员在服务器重启后使用 root 用户重启 Weblogic 应用,导致这台服务器所创建的公文的创建者及所属组都为 root,而正常的所属帐号应为 Weblogic。导致部分用户以 root 权限标识的公文无法正常打开。××点××分通过修改文件属性为 Weblogic,并重启应用服务器后,系统恢复正常。××××系统运维组已经对相关涉事人员进行了批评教育,并且制定规范,关键系统的变更一定要遵循双人操作。

(2)××××系统接口访问异常,影响××小时××分钟。

××月××日××点××分××××系统的服务接口无法被其他应用正常调用。初步判断与最近业务量骤增以及目前系统间接口调用超时阈值的设置过长有关。经过接口耗时日志监控,现把超时设置从 30 秒改为 10 秒,系统接口调用恢复正常。

2.3 IDC 基础设施情况

××月××日××数据中心存储有一块电池损坏,基本业务未受影响。当天更换了故障电池。

××月××日××数据中心服务器电池出现故障,不影响业务。当天××点××分更换了故障电池。

××月××日××点××分到××点××分网络中断,原因为链路运营商××的传输设备故障,紧急抢修后,恢复正常。

信息安全形势总体平稳,安全防病毒和防攻击系统运转正常,未发生重大网络与信息安全事件。

机房设备运行正常,无重大事故。UPS系统负载在正常范围内,机房供配电系统稳定,精密空调运作正常。完成了机房的UPS、精密空调和弱电系统的巡检及例行保养。

2.4 运维系统变更和发布情况

系统名称	变更或发布分类	数量	具体说明	变更或发布时间	发布成功率
××××系统	新需求				
	需求变更或功能优化				
	Bug 修复				

2.5 运维系统业务交易量情况

某系统交易量按时间分布的趋势举例如图4.1所示。

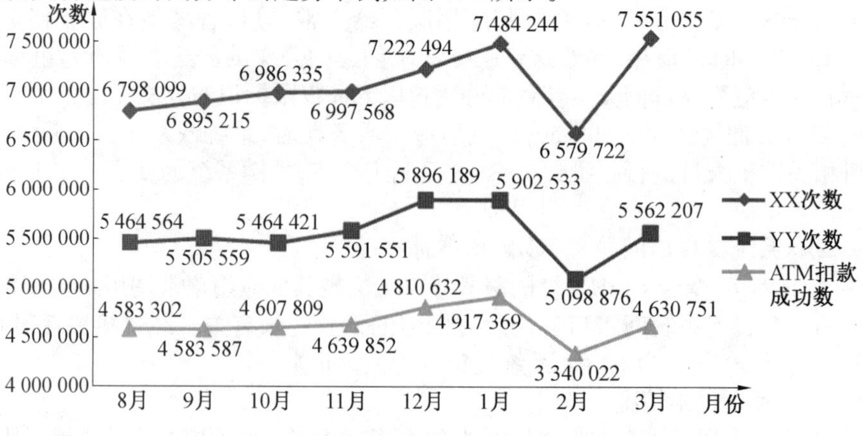

图4.1 某系统交易量按时间分布的趋势

第 4 章 运营管理与持续改进

4.3.4 IT 服务管理成熟度评估表

表 4.1 是基于 ISO20000 服务管理成熟度评估标准拟定的 IT 服务管理成熟度评估参照表,通过该表可以稽核具体公司的 IT 服务管理流程的实施成熟度情况,并根据实际问题进一步寻求改进机会。

表 4.1 IT 服务管理成熟度评估参照表

稽核项	条目	稽核内容	打分 (1~5 分)
事件 (故障)管理	1	服务台是否有满意度调查办法来度量服务的质量	
	2	具体的事件(故障)是否被定义了不同的类型和优先级别。服务请求的类型包括标准变更和访问管理。服务请求预定义了审批工作流	
	3	事件(故障)是否被定义了起始时间、受理时间和结束时间	
	4	有无对一线及二线支持范围进行明确的区分和定义	
	5	是否所有的事件(故障)都被记录,并且所有的服务请求被妥善的授权后方可实施。不存在有一些非正式的渠道使得用户能够绕过流程操作,如用户直接打电话给二线支持人员	
	6	用户是否被及时告知由其所提出的事件(故障)或服务请求的进展情况	
	7	当有无法达到服务级别协议要求(SLA)的时候,客户是否被及时告知	
	8	所有参与事件(故障)管理的人员是否有权限存取相关的信息,包括已知错误和问题解决知识库等	
	9	在解决一个事件(故障)时,是否会先检查以前同样的事件(故障)发生过、如何解决的,是否与知识库关联	

续表 4.1

稽核项	条目	稽核内容	打分 (1~5分)
事件（故障）管理	10	有无定义事件（故障）处理的服务级别协议（SLA）/运营级别协议（OLA），以及具体的监控和升级办法	
	11	当用户报告故障时，是否有用户等级区分 VIP 用户，使 VIP 用户得到优先照顾	
	12	是否有适当的管理报表，如一线解决率等	
	13	是否有专门的机制处理影响度高的事件（故障），即重大故障处理流程	
	14	事件（故障）管理流程的关键绩效指标（KPI）有哪些，是否定期回顾	
	15	是否记录事件（故障）管理流程中需要改进的事项，采取改进措施并跟进，有服务改进计划或机制	
	16	是否区分事件（故障）管理和问题管理流程，从事件（故障）管理流程到问题管理流程是否有良好的信息流，服务请求已经基于标准的（业务）服务目录，并已经做到基于类似云平台 Protal 工具的手工或自动化实现	
问题管理	1	所有已定义的问题是否已经开问题单并被详细记录	
	2	问题是否被定义了起始时间和结束时间	
	3	问题是否进行分类和优先级别，如类别、紧急程度、对业务的影响度和处理的优先级	
	4	是否有基于配置管理的问题影响度分析机制和办法	
	5	是否定义了问题管理的范围，并与事件（故障）管理进行有效的区分	
	6	问题是否被发现造成问题的根本原因，并降低重复事件（故障）的比率	
	7	是否采取预防措施以降低潜在的问题，如日常巡检和帕累托图分析等	

续表4.1

稽核项	条目	稽核内容	打分(1~5分)
问题管理	8	是否定期推广问题分析方法(如5 Why分析法)和基于历史经验的知识分享	
	9	为了实现问题处理的有效性,是否对问题解决方法进行监控、审查和报告	
	10	是否建立问题解决后有效审核和关闭机制,如经理负责每个问题单的审核和关闭	
	11	有无定义问题处理的服务级别协议(SLA)/运营级别协议(OLA),以及具体的监控和升级办法	
	12	是否有适当的管理报表,如问题按时解决率等	
	13	有无对已知错误的管理及时控制,如把以前问题的解决办法放入运维知识库中,以备以后快速查询	
	14	问题管理流程的关键绩效指标(KPI)有哪些是否定期回顾	
	15	是否记录问题管理流程中需要改进的事项,采取改进措施并跟进,有服务改进计划或机制	
	16	问题管理与其他流程是否有必要的关联,如对已知错误的问题开变更请求单,并把变更请求单传递给变更管理流程	
变更管理	1	是否清楚定义服务的范围,并形成必要的文件(服务目录、SLA、CMDB的配置项和配置项的关系)	
	2	变更管理的范围是否有明确的定义,如包括操作系统、应用、网络和设备的变更等	
	3	在变更提交前,是否检查和验证其完整性	
	4	是否所有的变更都有记录(包括被拒绝的变更)	

续表 4.1

稽核项	条目	稽核内容	打分（1~5 分）
变更管理	5	是否对变更请求，就其风险、影响与商业利益进行评估，如对系统容量、可用性和灾备的影响；是否对具体的变更的可行性分析与最终意见被有效地记录	
	6	变更是否按照其影响度和紧急程度分类？如定义重大变更和审批人员的级别	
	7	是否所有的变更被成功执行，并有执行后的检查（Post Implementation Review）	
	8	变更单中是否包括在变更不成功时的回滚计划（Rollback Plan）	
	9	是否有相应的政策来控制对紧急变更（Urgent Change）的授权与执行	
	10	是否清晰地区分正常变更请求（如更新应用）与标准变更或服务请求（如重置密码）之间的不同，对标准变更进行有效的范围定义	
	11	变更记录是否被定期分析，以侦测变更增加的程度、经常的反复的类型、紧急的趋势与其他相关联的信息	
	12	任何变更是否经过变更顾问委员会（Change Advisory Board）审批后方可执行	
	13	变更计划或变更窗口是否被有效定义，计划变更的日期是否作为真正制定变更时间表的基础	
	14	变更管理流程的关键绩效指标（KPI）有哪些，是否定期回顾	
	15	是否记录变更管理流程中需要改进的事项，采取改进措施并跟进，有服务改进计划或机制	
	16	是否与其他流程有信息交互，如与问题管理和配置管理的交互	

续表 4.1

稽核项	条目	稽核内容	打分 (1~5分)
配置管理	1	是否清楚定义配置管理所管理的范围,并形成必要的文件,如服务目录和配置管理数据库(CMDB)的流程文档	
	2	是否存放服务资产的配置项在配置管理数据库中	
	3	是否有一份明确定义的组件命名规范;是否所有相关的设备都有明确的标签	
	4	配置管理数据库的结构有能够预防重复输入的机制,确保配置信息的正确性和唯一性	
	5	配置项与配置项之间的关系都被有效地定义	
	6	配置管理是否提供对配置项的版本控制和追踪	
	7	配置项的变更是否遵循变更管理流程,对配置项之间的关系进行跟踪控制	
	8	配置管理数据库是否被有效管理以确保配置数据的安全性、可靠性和正确性	
	9	被授权的有需要提取配置项信息的使用者是否可以取得配置项的状态、版本、位置和相关变更信息	
	10	是否有配置管理数据库的年度(或定期)稽核报告	
	11	配置稽核报告中是否记录任何配置项的缺陷、采取矫正措施和报告最终结果	
	12	是否应用配置管理自动发现工具和配置项变更的预审批机制	
	13	是否有一系列控制环节来保障配置管理流程不被绕开	
	14	配置管理流程的关键绩效指标(KPI)有哪些;是否定期回顾	
	15	是否记录配置管理流程中需要改进的事项,采取改进措施并跟进,有服务改进计划或机制	

续表 4.1

稽核项	条目	稽核内容	打分 (1~5分)
配置管理	16	是否与其他流程有信息交互,如与事件(故障)管理、问题管理、变更管理和发布管理的交互	
发布管理	1	服务提供者是否与客户一起计划服务、系统、软件和硬件的发布	
	2	是否有效建立变更管理触发发布管理的机制	
	3	是否建立相关变更单和发布单的关联	
	4	发布管理流程是否包含当发布不成功时的回滚计划(Rollback Plan)	
	5	发布管理流程是否包含对配置管理数据库(CMDB)中的配置项的变更	
	6	变更请求是否被评估其对于发布计划的影响	
	7	发布是否按照其影响度和紧急程度分类,制定不同发布的审批人员级别	
	8	是否对相应的政策来控制对紧急变更(Urgent Release)的授权与执行	
	9	发布记录是否被定期分析,以侦测发布增加的程度、经常的反复的类型、紧急的趋势与其他相关联的信息	
	10	任何发布是否经过发布评审委员会审批后方可执行	
	11	发布计划或发布窗口是否被有效定义;计划发布的日期是否作为真正制定发布时间表的基础	
	12	是否衡量在发布期间与该发布相关的异常事件所造成的影响	
	13	是否所有的发布被成功执行,并有执行后的检查(Post Implementation Review);发布的成功与失败的条件是否可以被衡量	
	14	发布管理流程的关键绩效指标(KPI)有哪些;是否定期回顾	

续表 4.1

稽核项	条目	稽核内容	打分(1~5分)
发布管理	15.	是否记录发布管理流程中需要改进的事项,采取改进措施并跟进,有服务改进计划或机制	
	16.	发布管理流程是否与配置管理以及变更管理流程之间产生关联	
可用性管理	1	IT服务提供商或组织是否清晰地理解这个流程	
	2	是否定期对这个流程的活动进行回顾	
	3	是否有电子化的工具提高此流程的执行效率	
	4	是否有足够的时间和成本来针对此流程进行培训	
	5	任何对于可用性计划的变更,是否都经过变更顾问委员会评估其影响,并得到有效授权后方可变更	
	6	可用性的具体数据是否被衡量与记录,作为服务报告的一部分来定期公布	
	7	可用性管理是否提供变更影响分析的数据作为变更管理流程的输入	
	8	是否定期对当前基础架构的可用性进行评估和优化	
	9	是否对由于系统不可用而造成的直接或间接损失进行计算	
	10	是否对高可用性管理的成本花费与其带来的业务收益进行比较	
	11	定期的变更窗口是已已经被客户和业务部门所接受	
	12	是否有一个公认的流程来处理重大系统不可用所造成的根源分析	
	13	可用性的历史数据是否被用来做趋势分析来定位未来可能存在的可用性的问题	
	14	可用性管理流程的关键绩效指标(KPI)有哪些;是否定期回顾	
	15	是否记录可用性管理中需要改进的事项,采取改进措施并跟进,有服务改进计划或机制	
	16	可用性管理的关键绩效指标(KPI)是否已经纳入服务级别管理的管理范畴	

续表 4.1

稽核项	条目	稽核内容	打分(1~5分)
服务连续性管理	1	IT 服务提供商或组织是否清晰地理解这个流程	
	2	是否定期对这个流程的活动进行回顾	
	3	是否有电子化的工具提高此流程的执行效率	
	4	是否有足够的时间和成本来针对此流程进行培训	
	5	是否有定期的业务影响分析(BIA)评估服务中断对业务的影响范围和影响级别	
	6	服务连续性计划即灾难恢复计划(DRP)有有效的文档记录,并被所有涉及的服务部门熟知,以备未来不时之需	
	7	任何对于服务连续性计划或灾难恢复计划的变更,是否都经过变更顾问委员会评估其影响,并得到有效授权后方可变更	
	8	服务连续性计划或灾难恢复计划是否被有效测试以符合商业需要	
	9	重要的业务数据是否定期备份和安全存放	
	10	是否对服务连续性管理的成本花费与其带来的业务收益进行比较	
	11	IT 服务连续性管理(ITSCM)是否是业务连续性管理(BCM)的一部分	
	12	对不同的灾备方案是否有很清晰地理解和识别,如热备和冷备方案等	
	13	是否对服务连续性计划即灾难恢复计划(DRP)进行定期的演练和问题跟踪,如每半年做一次灾备演练	
	14	服务连续性管理流程的关键绩效指标(KPI)有哪些;是否定期回顾	
	15	是否记录服务连续性管理中需要改进的事项,采取改进措施并跟进,有服务改进计划或机制	
	16	服务连续性管理的关键绩效指标(KPI)是否已经纳入服务级别管理的管理范畴	

续表 4.1

稽核项	条目	稽核内容	打分 (1~5分)
信息安全管理	1	是否制定安全策略标准	
	2	是否清晰地知道哪个部门负责 IT 安全管理	
	3	是否有机制阻止非授权的人员访问敏感的 IT 设备和关键数据	
	4	业务对安全的要求是否被有效地记录	
	5	高层管理团队及其员工是否有必要的承诺对组织的数据进行保密,如签署保密协议	
	6	是否存在 IT 安全管理计划,并定期对此计划进行评审和改进	
	7	是否定期进行内部或外部的安全审计	
	8	是否有清晰的步骤来处理安全的违背行为	
	9	是否有电子防范设备有效地阻止电子攻击,如防火墙、IDS 和 IPS 等	
	10	组织成员是否意识到保护 IT 资产和信息安全的重要性,并有效遵守	
	11	安全的违背和攻击事件是否被记录到服务报告中	
	12	任何对于安全策略的变更,是否都经过变更顾问委员会评估其影响,并得到有效授权后方可变更	
	13	是否信息安全管理团队和服务连续性管理团队建立有效的沟通渠道	
	14	信息安全管理流程的关键绩效指标(KPI)有哪些;是否定期回顾	
	15	是否记录信息安全管理中需要改进的事项,采取改进措施并跟进,有服务改进计划或机制	
	16	信息安全管理的关键绩效指标(KPI)是否已经纳入服务级别管理的管理范畴	

续表 4.1

稽核项	条目	稽核内容	打分(1~5分)
服务级别管理	1	IT 服务提供商或组织是否清晰地理解这个流程	
	2	量化的 KPI 指标是否在服务级别协议(SLA)中体现	
	3	是否定期对这个流程的活动及关键绩效指标(KPI)进行回顾	
	4	是否有标准的服务级别协议(SLA)合同模板并有效应用	
	5	是否第三方供应商的合同指标也被纳入服务级别管理的范畴并有效监控	
	6	是否服务目录被有效地定义来反映组织的服务范围	
	7	是否有电子化的工具提高此流程的执行效率	
	8	是否有足够的时间和成本来针对此流程进行培训	
	9	是否有定期的服务会议讨论服务级别的达成情况和未来可能的服务级别需要(SLR)	
	10	所有相关各方是否有定期评审服务级别协议文档的内容(一般每年一次),以确保服务级别协议的及时更新和持续有效	
	11	针对监控结果是否有报告反馈并评审不符合的原因	
	12	是否在客户或业务部门与 IT 部门之间建立有效的沟通渠道和沟通机制	
	13	是否所有的服务级别协议合同文档被客户或业务部门签署后执行	
	14	服务级别协议(SLA)的达成质量是否按照与客户签订协议所应遵循的目标加以监控	
	15	是否记录和识别需要改进计划(SIP)和改进的事项,并及时跟进	
	16	任何新的服务是否很容易地被纳入服务级别管理的范畴	

续表 4.1

稽核项	条目	稽核内容	打分(1~5分)
容量管理	1	IT 服务提供商或组织是否清晰地理解这个流程	
	2	是否定期对这个流程的活动进行回顾	
	3	是否有电子化的工具提高此流程的执行效率	
	4	是否有足够的时间和成本来针对此流程进行培训	
	5	监控报告有没有定期发送给使用人员	
	6	是否有每年/每季度/每月定期召开技术研讨会	
	7	是否容量管理相关的数据记录到容量管理数据库(CDB)中	
	8	是否有评估新的服务或现有服务的变更请求对服务容量的影响,任何针对 IT 环境的变更都需要走变更管理流程	
	9	是否能预测工作量和环境的变化;是否包含足以进行预测分析的资料与流程	
	10	是否有对改变 IT 服务环境以及商业需求预期影响的分析和应对机制,如政府的法规、行业的规范等	
	11	是否有尝试影响用户的使用行为,使其更多地在非高峰时间段使用	
	12	是否每一个独立的服务的容量监控阈值被有效地设置和合理地监控,并帮助解决服务的故障或问题	
	13	是否对业务容量、服务容量和资源容量管理进行有效的区分和管理	
	14	容量管理流程的关键绩效指标(KPI)有哪些;是否有包含当前与预测的容量及绩效要求;是否定期回顾	
	15	是否记录信息容量管理中需要改进的事项,采取改进措施并跟进,有服务改进计划或机制	
	16	容量管理的关键绩效指标(KPI)是否已经纳入服务级别管理的管理范畴	

续表 4.1

稽核项	条目	稽核内容	打分 (1~5分)
财务管理	1	IT 服务提供商或组织是否清晰地理解这个流程	
	2	是否定期对这个流程的活动进行回顾	
	3	是否有电子化的工具提高此流程的执行效率	
	4	是否有足够的时间和成本来针对此流程进行培训	
	5	是否依据预算进行成本之监控与报告,定期对预算和成本进行比对	
	6	是否有成本模型(Cost Model)或其他机制很容易地给客户或业务部门展示 IT 的运营成本	
	7	任何成本变更是否经过变更管理流程进行成本分析与核准	
	8	是否定期举行财务审计	
	9	是否对不同成本类型进行有效区分,如固定成本、直接成本和非直接成本等	
	10	是否财务报表简单和容易理解	
	11	是否制定有效的服务收费策略和收费原则	
	12	是否财务数据被其他管理流程有效地利用,如发布管理和变更管理流程等	
	13	是否理解成本中心和利润中心的区别	
	14	财务管理流程的关键绩效指标(KPI)有哪些;是否定期回顾	
	15	是否记录财务管理中需要改进的事项,采取改进措施并跟进,有服务改进计划或机制	
	16	财务管理的关键绩效指标(KPI)是否已经纳入服务级别管理的管理范畴	

续表 4.1

稽核项	条目	稽核内容	打分(1~5分)
供应商管理	1	IT 服务提供商或组织是否清晰地理解这个流程	
	2	是否定期对这个流程的活动进行回顾	
	3	是否有电子化的工具提高此流程的执行效率	
	4	是否有足够的时间和成本来针对此流程进行培训	
	5	供应商的资质和历史绩效信息是否记录到供应商管理数据库中	
	6	是否对供应商的绩效进行评估;评估的依据是什么	
	7	对供应商评定等级的方式如何,如长名单和短名单供应商之分	
	8	是否有机制选择最适合或最优秀的供应商,并且有供应商淘汰机制	
	9	是否签订第三方供应商合同(UC)	
	10	对于与供应商签订的第三方供应商的协议指标是否能满足企业对客户的服务级别协议指标的要求	
	11	是否至少每年进行一次对供应商合约或正式协议的审查和续约(Renew)	
	12	若有合约和相应的第三方供应商合同或协议的变更,是否经由变更管理流程来管理	
	13	是否有处理合约争议的流程	
	14	供应商管理流程的关键绩效指标(KPI)有哪些;是否定期回顾	
	15	所识别的需要改善或跟进的措施是否被记录,并且作为服务改善计划的输入	
	16	供应商管理的关键绩效指标(KPI)是否已经纳入服务级别管理的管理范畴	

续表 4.1

稽核项	条目	稽核内容	打分(1~5分)
持续改进管理	1	服务改进是否有记录、评估、授权和排定优先级顺序	
	2	是否有使用服务改进计划来控制服务改进活动	
	3	服务提供方实施过程改进,是否有纠偏和预防潜在问题的措施	
	4	是否根据历史绩效数据应用控制图等工具推测未来绩效趋势	
业务关系管理	1	当服务级别协议或合同有相关内容需变更的,是否开变更单,并在客户同意下按照变更管理流程来跟进直至完成	
	2	客户投诉的处理结果有没有及时告知客户	
	3	是否有记录、调查、回应、报告并正式关闭所有的服务投诉或抱怨	
管理体系	1	管理者是否建立服务管理的方针、目标和计划	
	2	是否定义并保持所有服务管理者的角色和职责以及有效履行这些角色和职责所需的能力	
	3	是否评审管理人员的能力,以确保他们能够有效履行角色和义务	
服务报告	1	是否有满意度调查报告;是如何做到的	
	2	服务报告是否符合服务级别协议度量的需要;客户的具体要求是否得到明确的回应和体现	
	3	服务报告是否包含对应服务级别协议所要衡量的绩效指标的度量结果	
	4	服务报告是否包含不符合服务级别协议的违背事项	

续表 4.1

稽核项	条目	稽核内容	打分(1~5分)
新服务变更后的服务管理	1	是否考虑由服务交付和管理所导致的成本,以及组织的、技术的和商业的影响	
	2	新的或变更服务的实施(包括服务中止)是否进行策划并经过变更管理者的正式批准	
	3	是否有被服务提供方或客户所正式接受的流程	
	4	服务提供方应根据策划的安排,在新的或变更的服务实施后应及时报告所取得的效果	
	5	是否有通过变更管理流程对计划的实施后的服务进行评审,即将真实的效果与计划相比较	

打分的规则:1 分:不知道(Don't know)

2 分:强烈不认同(Strongly disagree)

3 分:部分认同(Partly agree)

4 分:认同(Agree)

5 分:强烈认同(Strongly agree)

图 4.2 是 IT 服务管理成熟度雷达图的评估结果举例。

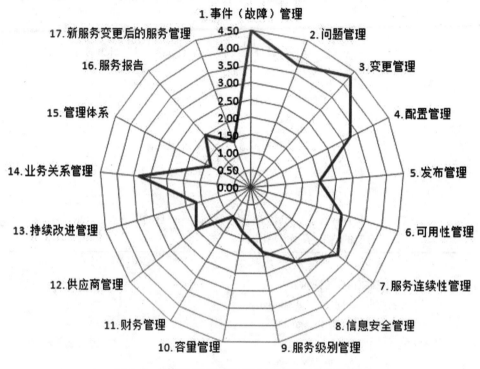

图 4.2　IT 服务管理成熟度雷达图的评估结果举例

通常我国的银行、电信企业和政府的信息中心的整体 IT 服务管理成熟度大于 3，即所有评估的流程成熟度平均值大于 3。具体通过此评估模型评测的企业可以以这些优秀的企业作为标杆进行持续改进，尤其需要高度重视稽核项的条目打分为 1 或 2 的内容，做到精准度量和持续改进。

参考文献

[1] 刘通,曾庆辉. ITIL 4 与 DevOps 服务管理与认证考试详解[M]. 2 版. 哈尔滨:哈尔滨工业大学出版社,2021.

[2] 刘通. IT 系统架构师的十项修炼[M]. 北京:机械工业出版社,2012.

[3] 赵捷. 企业信息化总体架构[M]. 北京:清华大学出版社,2010.

[4] 阎宏. Java 与模式[M]. 北京:电子工业出版社,2002.

[5] EELES P,CIRPPS P. 架构实战——软件架构设计的过程[M]. 蔡黄辉,马文涛,译. 北京:机械工业出版社,2010.

[6] 孟秀转,于秀艳,郝晓玲,等. IT 治理:标准、框架与案例分析[M]. 北京:清华大学出版社,2012.

[7] PMI. 项目管理知识体系指南[M]. 北京:电子工业出版社,2010.

[8] 沙洛韦,特罗特. 设计模式精解[M]. 熊节,译. 北京:清华大学出版社,2004.

[9] 温昱. 软件架构设计[M]. 2 版. 北京:电子工业出版社,2012.

[10] SPINELLIS D,GOUSIOS G. 架构之美[M]. 王海鹏,蔡黄辉,徐锋,等译. 北京:机械工业出版社,2010.

[11] 王璞. 战略管理工具与案例[M]. 北京:机械工业出版社,2009.

[12] 郭欣. 构建高性能 Web 站点[M]. 修订版. 北京:电子工业出版社,2012.

[13] 王仰富,刘继承. 中国企业的 IT 治理之道[M]. 北京:清华大学出版社,2010.

[14] BROOKS F P. 设计原本[M]. 高博,朱磊,王海鹏,译. 北京:机械工业出版社,2013.

[15] 迈尔-舍恩伯格,库克耶. 大数据时代:生活、工作与思维的大变革[M]. 盛杨燕,周涛,译. 杭州:浙江人民出版社,2013.

[16] 周洪波. 云计算:技术、应用、标准和商业模式[M]. 北京:电子工业出版社,2011.

[17] 周洪波. 物联网:技术、应用、标准和商业模式[M]. 2 版. 北京:电子工业出版社,2011.

[18] 吴伯凡,阳光.这,才叫商业模式[M].北京:商务印书馆,2011.

[19] FINGAR P.云计算:21世纪的商业平台[M].王灵俊,译.北京:电子工业出版社,2009.

[20] 周晨光.云:7种清晰的商业模式[M].程源,译.北京:机械工业出版社,2011.

[21] 魏炜,朱武祥.发现商业模式[M].北京:机械工业出版社,2009.

[22] 虚拟化与云计算小组.云计算实践之道[M].北京:电子工业出版社,2011.

[23] 刘淼,张笑梅.企业级DevOps技术与工具实践[M].北京:中国工信出版集团,2020.

[24] 强茂山,王佳宁.项目管理案例[M].北京:清华大学出版社,2011.

[25] 郭树行.企业架构与IT战略规划设计教程[M].北京:清华大学出版社,2013.

[26] BON J V.基于ITIL®的IT服务管理基础篇[M].章斌,译.北京:清华大学出版社,2007.

[27] 布鲁克斯.人月神话[M].汪颖,译.北京:清华大学出版社,2002.

[28] LARMAN C.敏捷迭代开发:管理者指南[M].张晓坤,林旺,曾毅,译.北京:清华大学出版社,2004.

[29] 克劳福,卡巴尼斯-布鲁因,彭尼帕克.战略执行七步决胜法[M].张斌,焦英博,译.北京:中国电力出版社,2015.

[30] 张斌.题解《PMBOK指南》PMP备考指南[M].3版.北京:电子工业出版社,2014.

[31] 刘通.PMP项目管理方法论与敏捷实践[M].4版.哈尔滨:哈尔滨工业大学出版社,2021.

[32] 朱胜涛,温哲,位华,等.注册信息安全专业人员培训教材[M].北京:北京师范大学出版社,2019.